라이프사이클

라이프사이클

초판 1쇄 발행 2013년 4월 30일

지은이 | 석상혁
발행인 | 홍경숙
발행처 | 위너스북

경영총괄 | 안경찬
주간 | 김형석
기획편집 | 김시경, 노영지

출판등록 | 2008년 5월 2일 제310-2008-20호
주소 | 서울 마포구 합정동 370-9 벤처빌딩 207호
주문전화 | 02-325-8901
팩스 | 02-325-8902

디자인 | 썸앤준
제지사 | 한솔PNS(주)
인쇄 | 영신문화사

값 15,000원

ISBN 978-89-94747-16-3 13320

위너스북에서는 출판을 원하시는 분, 좋은 출판 아이디어를 갖고 계신 분들의 문의를 기다리고 있습니다.
winnersbook@naver.com | Tel 02)325-8901

Life Cycle

라이프사이클

직접 그려보는 나의 인생 설계

―

석상혁 지음

Winner's Secret Library · 위너스북

WINNER'S BOOK

프롤로그

2005년경 라이프사이클을 한창 연구하던 중이었다. 친한 친구에게 라이프사이클에 대한 개념을 설명해주기 위해 만날 약속을 잡으려고 전화를 걸었다. "우리 인생이 말이야, 사람마다 천차만별인 것 같으면서도 사실 평생 벌고 쓰는 돈의 관점에서 생각해보면별다를 게 없거든…, 그러니 이러저런 자금 준비를 해둘 필요가 있어…" 식으로 우선 라이프사이클에 대해 개략적으로 설명을 했다. 그런데 통화 내내 영 뜨뜻미지근한 반응을 보이던 친구가 대뜸 이렇게 말하는 것이다. "사실 나 얼마 전에 보험 한 건 들었거든… 또들기는 부담스러운데…."

애초 내 말의 핵심은 '보험가입'이 아니었다. 그렇지만 친구가 내의도를 크게 오해하는 것 같아, 보험 권유는 일절 하지 않겠다는다짐을 하고서야 어렵사리 친구와 약속을 잡을 수 있었다. 사실 친구를 만나려고 한 진짜 이유도, 그간 내가 연구하고 생각한 인생에 대해 그리고 그것을 바탕으로 도출해낸 라이프사이클에 대해 다른 사람들은 어떻게 생각하는지 친구를 통해 확인하고 싶었기 때문이었다. 말 그대로 내 연구물에 대한 객관적이고 일반적인 평가를 받고자 한 것이다.

그렇게 친구를 만나 30분 정도에 걸쳐 라이프사이클을 그려가며 인생에 대한 이야기를 풀어나갔다. 꽤 친한 친구라 생각도 서로 비슷하겠거니 짐작했는데 의외로 다른 부분이 많았다. 만일의 경우 가족들이 겪을 수 있는 어려움에 대해 이야기할 때는 잠시 친구의 눈가가 촉촉이 젖어들기도 했다. 어느새 분위기가 숙연해졌다. 늘 만나면 즐겁고 유쾌한 대화를 이어나가던 사이인데, 겨우 백지 한 장에 그려진 인생을 두고 이렇게 진지하고 심각해질 줄이야….

다음 날 친구로부터 연락이 왔다.

"어제 알려준 라이프사이클이라는 것 있잖아. 저녁 때 오랜만에 가족이 다 모인 김에 배운 대로 한번 그려봤어. 반응 좋던데. 애들도 재밌어하고…."

"그래? 어땠는데?"

"내 미래 인생과 사회생활하면서 벌 수 있는 돈, 그리고 남은 인생에 필요한 자금 등등이 구체적으로 나타나니까 그렇게 신기해할 수가 없더라고. 덕분에 아내랑 아이들과 우리 생활에 대해 많은 이야기도 나눴고. 얘기 나온 김에 아이들한테 대학 등록금이랑 결혼자금 관련해서도 50%만 책임지겠다고 아예 못 박아놨지. 나머지는 너희들이 어떻게 해서든 일단 마련해보라면서 말이야. 하하. 과연 그게 가능할지 모르겠지만, 어쨌든 당장 한시름 덜어낸 기분이야. 왜 진작 이걸 그려보지도 않고 노후자금이니, 애들한테 들어갈 자금이니, 막연히 불안해만 했는지 몰라. 정말 고마워."

몇 달 후 친구는 나를 통해 종신보험과 연금보험에 가입했다. 라이프사이클을 통해 스스로 자금상황을 파악하고 미래 대비책을 마련한 것이었다. 이후 라이프사이클이 소위 '먹힌다'는 자신감이 생겼고 그 친구의 회사 후배와 다른 친구들을 만나기 시작했다. 1년 정도에 걸쳐 50여 명의 사람들을 만났다. 대부분의 사람들이 한편으론 심각하게 다른 한편으론 재미있어하며 인생 그리기에 동참해주었다.

그중 20대 후반의 한 미혼 여성은 아직 결혼상대도 없고 아이가 태어나지 않은 상황인데도 자신의 라이프사이클에 그들이 포함되어 인생이 전개되어가는 모습에 너무도 신기해했고, 인생 후반기를 그려나갈 때는 마치 늙어가는 자신을 진짜 보기라도 한 것처럼 심각해졌으며, 노후자금을 언급하는 대목에서는 불안한 모습을 보이기도 했다. 하지만 미래 인생에 대비해 예방주사 한 대 맞았다고 생각하라는 내 말에 이내 표정이 밝아졌다.

50대를 넘어선 어느 중년 가장은 뼈 빠지게 일하면서 열심히 돈을 버는데 왜 모이는 게 없느냐며 한숨어린 푸념을 늘어놓았다. 라이프사이클로 간단히 그의 현재 상황을 보여주자, 이제야 그 이유를 제대로 알겠다며 속 시원해했다. 그리고 그런 상황이 비단 자기만의 문제가 아니라는 점에 내심 안도하는 듯했다. 뒤에서 살펴보겠지만 실제로 우리나라 50대 가장의 자금형편은 대체로 취약한 편이다. 아무튼 그 분은 큰애가 작년에 대학에 들어갔고 내년에는 둘째가 대학 입학 예정이라며 근심이 하늘을 찌를 듯했으나, 앞으로 구체적인 대비책을 마련해나가겠다는 다짐으로 마음의 큰 짐을 덜어낸 듯했다.

이런 성공적인 경험은 필자에게 큰 힘이 되었다. 이 책에서 설명한 라이프사이클의 기본 원리와 예상치 못한 각종 사건사고의 경우를 감안해 각자 라이프사이클을 직접 그려보고, 그것에 근거해 가족 구성원과 함께 상의하고 자금 계획을 세운다면 최소한 돈에 대한 막연한 불안감이나 노후 걱정은 어렵지 않게 떨쳐낼 수 있을 것이라는 확신이 들었다.

어릴 적 필자의 꿈은 대통령이 되는 것이었다. 그러나 초등학교 4, 5학년쯤 그 꿈이 비현실적이라는 사실을 깨달았다. 중학교 갈 때쯤에는 과학자로 꿈을 바꿨다. 그러나 그 꿈도 고등학교 2학년 때 문과 이과로 나뉘며 접었다. 대학을 졸업하고 회사에 입사할 때쯤 돼서는 회사의 사장이 꿈이었는데 1년 정도 지나니 자연스럽게 포기하게 되었다. 현재의 꿈은 무엇일까? 10년 후 우리나라에서 꽤 잘나가는 교육컨설팅 회사를 창업하는 것이다.

꿈에 대해 곰곰이 생각해보면, 어릴 적에는 정말 황당한 꿈을 꾸었던 것 같다. 비록 비현실적일지라도, 일단 꿈의 크기가 커야 훌륭한 사람이 될 수 있다는 말을 어른들에게서 들었기 때문이다. 그러나 커가면서 꿈은 현실을 바탕으로 이루어질 수 있다는 생각이 들었다. 그래서 지금은 현실과 타협할 수 있는 범위 내에서 꿈을 꾸는 것 같다. 이것이 잘못된 것일까? 결코 그렇지 않다. 어른들은 현실적으로 소박하지만 진정으로 이룰 수 있는 꿈을 갖고 있지 않은가!

우리 모두 현실적이지만 소박한 꿈을 갖고 살았으면 좋겠다. 원대하거나 위대하지 않지만 가족들의 가까운 장래와 몇 십 년 후를 안정되게 하는 현실적인 꿈, 그런 꿈을 만들어갔으면 하는 것이 필자의 소망이다.

라이프사이클이 독자들을 대단한 부자로 만들어주지는 못할 것이다. 그러나 인생의 길에서 '만일'과 '미래'를 예견할 수 있는 현명한 시각을 제공할 수 있으리라고 확신한다.

이 책을 집필하기에는 직간접적으로 많은 분들의 도움이 있었다. 우선 라이프사이클이라는 개념을 처음 도입하신 업계의 선배가 계셨을 것이다. 그 분이 누군지 정확히 알 수는 없다. 시간도 오래되었고 일반적인 개념이라 누구의 주장이다라고 딱히 못 박을 수 없기에 구체적으로 존경의 말씀을 올리기가 쉽지 않다. 아쉽다.

한편 라이프사이클의 개념을 접하게 해주었고 깊이 있게 연구할 수 있도록 정신적 토양을 제공해준 삼성생명에 깊은 감사를 드린다. 특히 교수연구실을 전폭적으로 지원해주신 곽홍주 부사장님,

김학영 상무님, 그리고 교수연구실의 모든 교수님들이 계셨기에 라이프사이클의 개념을 정립할 수 있었다.

아울러 필자에게 명확한 방향을 설정해준 위너스북 출판사 관계자들과 신동기 교수님, 대학 후배 김민지 양에게도 지면을 빌어 감사를 드린다.

마지막으로 필자를 이 세상에 있게 해주신 존경하는 부모님과 사랑하는 아내 김정혜, 딸 다희, 다영에게도 큰 감사를 전한다.

| 차례

프롤로그 _5

1장 '돈'의 측면에서 내 인생 미리 보기

라이프사이클life cycle이란? _21

우리가 평생 버는 돈과 쓰는 돈 _23

2장 한 장으로 끝내는 우리 가족 인생설계

사회적 정년 _35

경제적 정년 _38

부모와 자식이 모두 가난한 시기 _46

노후가 불안할 수밖에 없는 이유 _50

라이프사이클의 주요 변수 1 : 가장과 첫째 자녀와의 나이 차 _55

라이프사이클의 주요 변수 2 : 자녀 수 _59

근로소득자의 라이프사이클 _60

자영업자(개인사업자)의 라이프사이클 _68

맞벌이 부부의 라이프사이클 _74

3장 어떤 인생이든 시각화가 가능하다

결혼을 앞둔 여성이라면? _84

재무설계에 너무 늦은 때란 없다 _95

소득이 아무리 많아도 계획은 필요하다 _100

나 홀로 인생을 계획하고 있다면 _103

4장 만일의 경우를 예상한 인생 주기

가장의 갑작스런 사망 _111

가장이 치명적 질병에 걸리는 경우 _117

준비 없이 노후를 맞게 된다면 _120

5장 연령별 재무설계 포인트

20대 – 재무설계의 시작, 첫 단추를 잘 끼워야 한다! _133

30대 – 자산형성의 핵심기, 적극적으로 투자하라! _137

40대 – 소득이 커지는 만큼 지출도 늘어나는 시기, 소비를 줄여라! _142

50, 60대 – 은퇴 후 제2의 인생을 맞이하는 시기, 노후를 대비하라! _145

6장 돈 걱정 없는 인생, 어떻게 준비할 것인가

행복한 인생을 준비하기 위한 포트폴리오 원칙 _153

솔루션을 위한 세 가지 접근 _154

보장성보험을 통한 준비 방법 _175

연금보험을 통한 준비 방법 _202

부록 나의 라이프사이클 그려보기 _225

에필로그 인생의 의미 _249

Life
Cycle

1장

'돈'의 측면에서
내 인생 미리 보기

우리는 다양한 물질적 혜택을 누리며 그 어느 시대보다 편리하고 윤택한 삶을 살고 있다. 기술의 진보는 인간의 상상을 뛰어넘고 있으며, 의학의 발달로 평균수명 100세 시대를 살게 되었다. 그러나 풍요로움 이면에 숨겨진 결핍은 진정한 삶의 의미를 잃어버리게 만들었고, 인간성 상실로 인해 세상은 더욱 각박해졌다. 질병의 공포에서 벗어나는 대신 환경오염으로 인한 위협에 노출되었으며, 과거에는 존재하지 않던 새로운 질병이 나타나 우리의 건강을 위협하고 있다.

2000년대부터 국내에서 시작된 '웰빙Well-being' 열풍은 현대 사회가 안고 있는 여러 가지 모순점들을 극복하고 더 나은 삶을 살고자 하는 사람들의 소망에서 시작되었다. 정신적, 육체적인 건강과 더불어 행복과 복지, 안녕을 추구하는 것이 웰빙의 사전적 의미다. 사회적으로는 물질적 부가 아닌 삶의 질을 강조하는 생활방식을 가리키는 용어로 사용되고 있다. 경제적 풍요와 사회적 성공을 강조하던 1980년대와는 달리, 1990년대 이후부터는 정신적 건강과 행복, 자기만족이 삶의 중요한 가치로 떠오르기 시작했다. 2003년부터 건강에 대한 관심이 높아지고 건강과 관련된 상품들의 소비가 급속히 증가하면서 촉진된 웰빙 문화의 확산은 현재까지도 한국인들의 주요한 소비패턴과 관심사로 자리 잡고 있다.

웰빙, 즉 잘 사는 일이 사회문화적인 화두가 된 것은 많은 한국인들이 물질적 가치에 매몰되고 경제적 억압에 시달리며 삶의 의미를 잃어갔기 때문이다. 웰빙이라는 용어에는 크게 세 가지의 의미가 중첩되어 있는데, 건강하게 살고 부유하게 살고 여유롭게 사는 것이다. 웰빙은 단순히 돈과 물질에 초탈하여 정신적 가치만을 중요하게 여기자는 것이 아니다. 금전, 건강, 여가의 세 박자를 균형 있게 유지하여 삶의 조화를 꾀하자는 것이 진짜 웰빙의 의미다. 열심히 버는 것도 중요하지만 잘 쓰는 것도 중요하며, 효과적으로 모으는 것은 더더욱 중요하다. 웰빙을 추구하기 위해서는 우선 인생에 대한 전체적인 조망과 장기적인 계획이 선행되어야만 한다. 그리고 철저하게 준비해야만 한다. 젊었을 때의 웰빙이 늙어서까지 유지될 수 있도록, 잘 사는 것에서 시작해 잘 죽는 것으로 완성되는 삶을 살 수 있도록 지금부터 준비해야 하는 것이다.

라이프사이클life cycle이란?

일본 〈니혼게이자이〉 신문이 최근 아시아 6개 나라의 직장인과 학생들을 대상으로 생활만족도를 조사한 결과를 보면, 한국은 60.7%로 6개국 중 가장 낮은 수치를 보였다. 한국인이 현재의 생활에 만족하지 못하는 가장 큰 이유는 '경제적 곤궁'이었다. 인도 국민들의 91.7%가 생활에 만족한다고 답한 것과 매우 대조적이다. 어쨌든 경제력, 즉 '돈'은 분명 인생의 중요한 수단임에 틀림없으며 생활만족도를 좌우하는 중요한 요인이다.

인생의 가치를 한낱 '돈'으로 묘사한다면 참으로 삶의 의미가 없다 할 수 있으나, 현실적으로 경제력 없는 삶을 우리는 상상조차 하기 힘들다. 어찌 보면 21세기 자본주의의 정점에 서 있는 우리들로서는 안타깝지만 받아들여야 할 뼈아픈 현실일 수밖에 없다.

우리는 살아가며—좀 더 구체적으로 말하면 가정을 꾸리면서— 수입과 지출이라는 양면성을 가진 '돈'에 대한 애증을 끊기 힘들다. 누구나 다 많이 벌고 적게 써서 많은 돈을 모아 그것을 통해 삶의 행복지수를 높이려 한다. 그런 측면에서 수입과 지출은 우리 인생에 매우 커다란 의미를 부여한다. 어찌 보면 우리의 일상은 '돈'의 들어오고 나감을 챙기며 평생을 살아가야 하는 운명과도 같은 형국이다. 따라서 인생의 축에서, 즉 가정을 꾸리기 시작해 한 가계가 끝나는 날까지 '돈'이 들어오고 나가는 규모와 시점을 파악하고 분석하는 것은 매우 중요한 일이 아닐 수 없다. 이에 필자는 '돈'에 대한 감상적이고 철학적인 의미는 배제하고, 현실을 살아가는 주요 수단으로서의 의미에 초점을 맞춰 설명하고자 한다.

이렇게 '돈'에 의해 인생을 그려볼 수 있는 방법이 바로 라이프사이클이다. 이것은 돈의 두 가지 측면, 즉 들어오는 돈(수입)과 나가는 돈(지출)을 비교해가며 인생의 각 시기별, 개인 또는 가정의 미래상을 유추할 수 있는 방법이다. 인생에 대해 이런 산술적 접근법이 사용된 지는 사실 그리 오래되지 않았다. 라이프사이클은 거시경제학 이론에 기반을 두고 있다. 1985년 노벨경제학상을 수상한 이탈리아 출신 미국인 프랑크 모딜리아니의 소비이론인 '라이프사이클 가설'에 그 연원을 두고 있다. '라이프사이클 가설'이란 사람들이 생애의 잔여기간 동안 기대되는 수입 및 자산 총계의 현재가치를 염두에 두고 그 잔여기간의 소비효용 총계의 현재가치를 극대화할 수 있도록 소비계획을 세운다는 것이다.

이는 현대 재무이론의 출발점을 연 '모딜리아니-밀러 정의'를 통해 실용적인 경제이론 분야에서 선구적인 연구성과를 올린 바 있으며, 이런 경제학적 기반 위에 1980년대 후반 일본에서 종신보험과 연금보험의 판매 툴tool로써 활용되었다. 우리나라의 경우 1990년대 초반 모든 보험회사들이 일본을 벤치마킹하고 있을 때, 상품 판매의 툴로 이를 도입했으나, 당시 보험문화나 국민의 인지도가 낮아 크게 활용되지 못했다.

그러다 2000년대 이후 우리나라에서도 종신보험이 각광을 받기 시작하며 종신보험과 연금보험의 유용한 판매 툴로 관심을 받던 중, 2000년대 중반경 필자가 라이프사이클에 보편성과 생동감을 더해 연구·개발하여 지금의 인생설계 방법 중 하나에 이르게 되었다. 이 과정에서 필자는 라이프사이클을 단순한 보험상품의 판매 수단이 아닌, 누구나 자신의 인생을 미리 준비하고 계획할 수 있는 인생의 좌표로 삼게끔 보편화시키기 위해 이 책을 계획했다.

우리가 평생 버는 돈과 쓰는 돈

라이프사이클은 '돈의 흐름'에 따라 예상되는 인생의 주요한 상황을 두 가지 축으로 놓고 설명한다. 현 시점으로부터 계속 이어질 '인생의 선'을 가로축으로 하고, 인생의 각 상황에 따라 들어오고 나가는 돈들의 합계인 '수입지출선'을 세로축으로 한다. 그리고 현재부터 가족들의 나이를 인생의 선에 따라 5세 또는 10세 단위로 끊어나간다. 이렇게 인생의 선 위에 가족들의 나이를 펼쳐보면 한눈에 전 가족의 생애를 파악할 수 있다. 뿐만 아니라 가족들의 가까운 미래부터 먼 인생의 여정까지도 상상할 수 있다.

우리는 흔히 가까운 미래—5년에서 길어야 10년 정도—에 대해서는 이런저런 생각과 상상을 하는 경우가 많지만, 우리 자녀들이 나이를 먹고 가정을 꾸리고 심지어는 현재의 우리처럼 중년 이상이 될 수 있다는 점은 쉽게 상상하기 어려울 것이다. 그러나 라이프사이클을 직접 그려봄으로써 우리는 가족 모두가 시간의 흐름에 따라 나이를 먹고 늙고 생을 마감할 수도 있다는 사실을 인지할 수 있으며, 그럴수록 생에 대한 의미도 더욱 강력해질 것이다. 그런 의미에서 라이프사이클을 자주 떠올리며 인생을 진지하게 고민해보는 것도 현명하게 인생을 살아가는 하나의 방법일 수 있다.

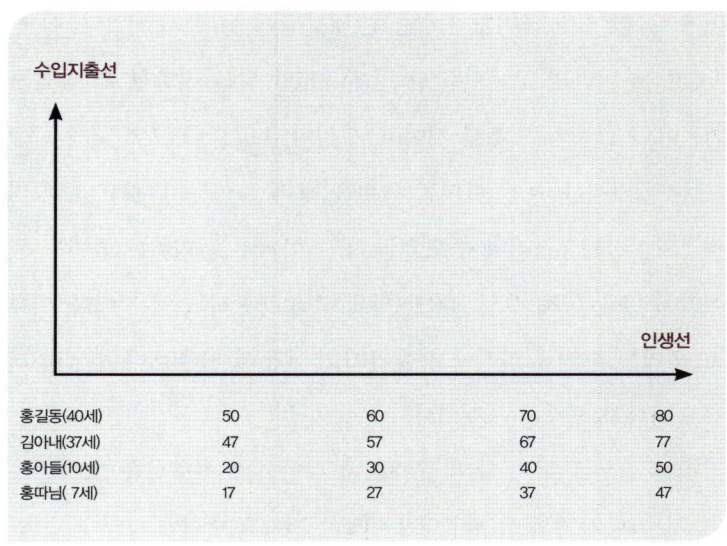

	50	60	70	80
홍길동(40세)	50	60	70	80
김아내(37세)	47	57	67	77
홍아들(10세)	20	30	40	50
홍따님(7세)	17	27	37	47

한편 '수입지출선'은 우리 인생 내내 들어오고 나감을 반복하는, '들어오는 돈(수입선)'과 '나가는 돈(지출선)'으로 구분할 수 있다.

여기서 잠깐, 여러분은 '들어오는 돈'과 '나가는 돈' 중에서 어떤 돈이 더 중요하다고 생각하는가?

사람마다 견해가 다를 수 있으나, 필자는 '들어오는 돈', 즉 수입이 '나가는 돈'인 지출보다 더 중요하다고 생각한다. 그 이유를 말하자면 이렇다. 만일 현재 월 500만 원씩 받는 직장에 다니면서 생활비로 400만 원 정도를 쓰고 나머지 100만 원은 저축이나 보험료로 나간다고 하자. 그러다 갑작스럽게 회사가 어려움을 겪게 되어 어쩔 수 없이 월 급여를 300만 원 정도밖에 못 받게 되었다. 이 경우 여러분이라면 그전처럼 한 달에 400만 원을 지출할 수 있겠는가? 아마 그러지는 못할 것이다. 수입이 줄었으니 그에 맞게 지출도 줄일 것이다. 우선 아이들 학원을 하나 줄이든지, 매주 하던 외식, 또는 전기요금이나 수도요금 또는 아파트 관리비를 줄이는 등 여러 수단을 통해 수입 300만 원에 맞춰 생활하게 될 것이다. 이렇듯 우리는 수입에 의거해서 살아가기 때문에 지출보다 수입이 더 중요하다고 생각하는 것이다.

이를 염두에 두고 앞의 그래프에 수입선과 지출선을 그려본다면, 자신과 가족의 인생이 대략 어떻게 전개될지 쉽게 파악할 수 있을 것이다.

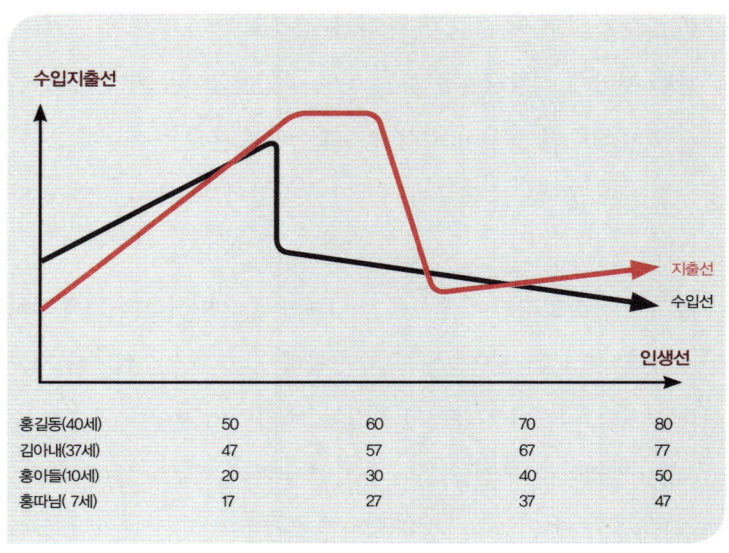

홍길동(40세)	50	60	70	80
김아내(37세)	47	57	67	77
홍아들(10세)	20	30	40	50
홍따님(7세)	17	27	37	47

위 그림에서 검은색 선이 인생 전반에 걸쳐 예상되는 수입선이다. 그리고 빨간색 선은 예견되는 지출선이다. 수입선은 특별한 경우를 제외하고 대개 가장의 소득에 의해 결정된다. 위 그림의 경우는, 현재 모회사에 다니는 홍길동 씨가 50대 초반 정도까지 직장생활을 한다고 가정할 때, 현재부터 퇴직 전까지 수입이 증가함을 보여준다. 이는 시간이 경과함에 따라 직급이 올라가고 그에 따른 수입도 증가할 것이며, 매년 또는 특정 기간을 두고 회사에서 물가상승률에 따른 임금상승률을 적용할 것이기 때문이다. 이렇게 홍길동 씨는 특별한 경우가 아니라면 평균 퇴직연령인 50대 초·중반까지

수입이 증가하다가, 정년 이후 다른 직업을 갖지 않는 한 소득이 급감할 것이다. 직장생활을 하는 동안 국민연금이나 기타 저축·연금을 준비했다면 소득이 바닥까지 떨어지지는 않을 것이나, 물가상승률 대비 증액되는 연금이 아니라면 수입의 가치는 서서히 하락할 것이다.

빨간색으로 그려진 지출선은 수입선과 달리 여러 변수들에 의해 좌우된다. 가장 큰 변수는 가족의 생활비다. 현재는 수입보다 지출이 적겠지만, 시간이 지나면서 홍길동 씨 가족의 생활비 규모는 점점 더 커질 것이다. 우선 소득이 증가함에 따라 세금도 많아질 것이고, 아이들이 커가면서 식생활비와 문화생활비가 큰 폭으로 늘어날 것이다. 무엇보다 자녀들의 학년이 올라갈수록 커져가는 교육비는 지출의 절대적인 부분을 차지하게 될 것이다. 그리고 어느 시점부터는 지출이 수입을 초과하는 상황이 발생할 것이다. 아마 그 시점은 첫째가 대학에 입학하는 때가 될 것이다. 그 이후 지출이 초과하는 기간이 상당히 길어지게 되는데, 이유는 자녀의 결혼자금 준비 때문이다.

우리나라 부모라면 모두가 자녀들에게 갖고 있는 두 가지 의무감—교육자금과 결혼자금—으로 인해 첫째 대학 입학 시점부터 막내 결혼 시점까지 지출이 상당히 늘어날 것으로 예상된다. 그 이후 지출은 급감하다가 홍길동 씨가 노년을 맞이하는 65세 이후부터 또다시 늘어날 것이다. 이유는 노후생활비와 노후의료비 때문이다. 최근 평균수명의 증가로 노후생활 기간이 길어짐에 따라 노후생활비가 크게 늘어나고 있으며, 65세 이상 노령층의 노인성 질환 발병률도 최근 급속히 증가하고 있고, 이에 따른 사회적·개인적 비용도 크게 늘어나고 있다.

이렇듯 간단히 몇 가지 상황만 놓고 보더라도 우리가 인생을 살아가며 그때그때 돈의 흐름이 어떻게 이어지는지 쉽게 예측할 수 있다. 물론 모든 사람에게 똑같이 적용되는 것은 아니지만 우리나라의 고소득층 20%, 저소득층 20% 정도를 제외한 60% 정도의 중산층들은 라이프사이클의 수입선과 지출선의 크기와 시점에 따라 가계자금의 흐름을 어느 정도 예측할 수 있다.

한편 라이프사이클은 가장의 직업이나 예상 정년 시점, 자녀 수, 가장과 첫째 아이와의 나이 차 등 다양한 변수에 의해 여러 유형의 형태를 보이기도 한다. 이는 라이프사이클이 단순해 보이지만 여러 상황변수와 접목할 때 인생에 대해 보다 구체적인 실체를 보여줌과 아울러 해결책도 제시해줄 수 있는 수단이 될 수 있음을 시사한다. 이런 내용에 대해서는 다음 장에서 다양한 사례를 통해 살펴보기로 하자.

라이프사이클을 잘 파악하고 미래를 적절히 준비해나간다면, 그것처럼 현명하게 인생을 살아가는 것도 없을 것이다. 그러나 아직까지 많은 사람들이 가족과 함께하는 인생 준비에 고민과 연구가 부족한 것이 사실이다. 필자의 경험으로 미루어보면 저축이든 보험이든 미래와 만약을 대비하는 금융상품에 가입할 때, 라이프사이클을 염두에 두는 고객들은 매우 드물었다. 자신의 인생, 특히 10년 이상의 장기적인 인생에 대해 구체적으로 생각하는 사람들이 별로 없었다.

우리 모두는 더 행복한 인생을 꿈꾸며 열심히 살려고 애쓴다. 하지만 계획하지 않고 준비하지 않는 인생을 살아가기에는 예측할 수 없는 '인생의 지뢰'가 너무 많이 산재해 있다. 라이프사이클을 조금만 눈여겨보며 준비한다면 인생 곳곳에 숨겨진 어려움의 시기와 위험의 상황을 잘 비켜갈 수 있으며 궁극적으로 행복한 인생이라는 우리의 목표와 멋지게 조우하리라고 생각한다. 그러니 조금만 시간 내서 나의 인생, 가족의 인생에 대해 공부하고 연구해보자.

2장

한 장으로 끝내는
우리 가족 인생 설계

Life
Cycle

사람들은 저마다 가치관이 다르며 그만큼 살아가는 모습도 천차만별이다. 그리고 개개의 가치관보다 실체적, 구체적이라 할 수 있는 '돈'의 측면에서도 각자 처한 여건이 다르고 수입과 지출의 규모 및 시점도 다를 수밖에 없다. 이렇듯 누군가의 인생을 일반화하기란 여간 어려운 일이 아니다. 아니, 아예 불가능한 일일지도 모른다. 하지만 일생에 걸쳐 들어오고 나가는 '자금의 흐름' 측면에서는 어느 정도 일정한 패턴을 발견할 수 있다. 물론 개인의 특수한 사정에 따라, 혹은 가장의 사망과 같은 치명적인 사건으로 인해 일반적인 형태와는 아주 다른 모습의 자금 흐름이 생겨나기도 하지만 이 역시 라이프사이클상에 어렵지 않게 적용할 수 있는 부분이다.

라이프사이클은 일생에 걸쳐 예상되는 자금의 흐름을 미리 가늠해보고 이에 대비하며 궁극적으로 인생의 의미를 다시금 되새겨볼 계기를 마련해주는 수단이다. 그런 의미에서 앞서 언급했듯 각자의 라이프사이클을 연구하고 그것을 통해 인생의 준비를 하는 것은 현명한 삶을 살아가는 하나의 확실한 방법이라고 할 수 있다. 이번 장에서는 가장 흔히 볼 수 있는 일반적 유형의 라이프사이클을 제시하고 홍길동 씨 가족의 구체적인 사례를 들어 설명하고자 한다.

우선 홍길동 씨 가족의 라이프사이클 설명에 앞서 몇 가지 개념을 정립할 필요가 있다. 첫 번째가 수입선과 관련이 있는 정년 또는 은퇴에 대한 개념이고, 두 번째는 지출선과 큰 관련이 있는 교육비, 결혼비, 노후생활비 및 노후의료비에 대한 것이다. 세 번째, 라이프사이클은 가장과 첫째 아이와의 나이 차 그리고 자녀 수에 의해서도 크게 좌우된다. 따라서 먼저 이 세 가지 항목들에 대한 개념을 정립하고 이해할 필요가 있다. 그런 후 실제 사례를 통해 일반적 유형의 라이프사이클을 그려보도록 하자.

사회적 정년

우선 정년에 대한 개념이다. 미국이나 유럽과 같은 선진국과 달리 우리나라에서 은퇴는 결코 기다려지는 일이 아니다. 지난해 한은행에서 우리나라 국민 1,096명을 대상으로 조사한 결과에 따르면 응답자의 절반 이상(55%)이 은퇴를 경제적인 어려움과 연관시켰다. 일반적으로 정년의 사전적 의미는, '직장에서 물러나거나 사회활동에서 손을 떼고 한가히 지냄'이다. 그렇다. 정년을 맞이한다 함은 다니던 직장을 그만두거나, 나이 혹은 직책 등 그 회사가 정한 규정에 의해 회사를 떠나는 상황을 말한다. 그러나 최근의 정년/은퇴 경향을 보면 사전적 의미만으로 정년을 규정하기에는 정년에 대한 개념과 내용이 매우 광범위하다. 재무설계 관점에서는 정년을 사회적 정년과 경제적 정년의 두 가지 개념으로 구분한다.

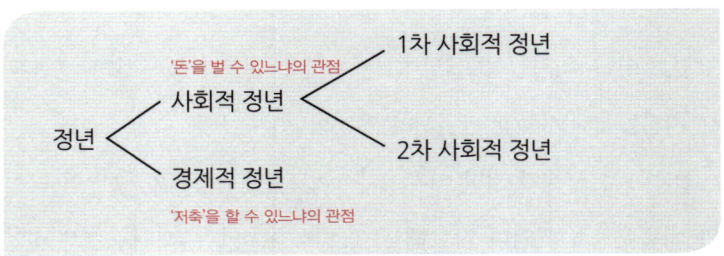

사회적 정년이란, 현재 재직하고 있는 직장의 규정 또는 자신의 선택에 의해 회사를 그만둠으로써 더 이상 수입이 발생하지 않는 경우를 말한다. 과거 2000년대 이전까지만 하더라도 정년은 더 이상 사회활동을 하지 않는다는 의미였고, '정년=노후의 시작'으로 생각해왔다. 그러나 최근 특히 1, 2차 베이비부머들의 정년 시기가 도래하면서 정년에 대한 재해석이 필요하게 되었다. 평균수명의 연장과 기업의 정년 시기 단축으로 인해, 과거 노후의 시작이라는 정년의 개념은 서서히 사라지게 되었다. 이제는 정년을 '직업 변경job change'의 개념으로 재해석할 필요가 있다.

그런데 요즘처럼 정년의 시기가 앞당겨져 예컨대 40대 후반이나 50대 초반에 직장을 나온다고 하면, 평균수명 100세를 바라보는 현재, 직업이 없는 기간이 반평생을 넘어설 수도 있으며 그에 따른 경제적 어려움은 불 보듯 뻔하다. 이렇게 50대 초반에 자의든 타의든 회사에서 퇴직을 한 후 가만히 놀고만 있을 사람이 몇이나 되겠는가? 실제로 50대 초반에 퇴직한 대부분의 사람들은 다른 일에 종사하게 된다. 대체로 8~10년 정도의 경제활동을 하는 것으로 보고되고 있다. 이처럼 첫 직장 또는 유사한 직업에 종사하다 그만두는 시기를 1차 사회적 정년이라고 정의할 수 있다.

한편 1차 사회적 정년 이후 2차 직업을 갖고 난 후, 수입의 크기와 내용은 1차 직업과 비교해 사뭇 다를 수 있다. 대체로 2차 직업을 갖는 사람들의 경우 첫 번째 수입원이던 직장과 관련 없는 일을 하는 것으로 나타난다. 1차 사회적 정년자의 80% 정도는 근로소득자가 아닌 개인사업자로 직업의 성격이 바뀌고, 수입의 크기도 1차 사회적 정년 직전의 60~70% 정도로 줄어든다. 물론 능력을 인정받아 타 회사나 타 업종으로 스카우트되는 경우 현재의 직업 형태를 유지하며 더 큰 수입을 올릴 수도 있지만, 이에 해당하는 사람들은 그리 많지 않다.

이렇듯 대부분의 경우 8~10년 정도 두 번째 직업을 거친 뒤 60대 초반부터 실질적으로 완전한 사회적 정년이 시작되는 경우가 다반사다. 그런데 최근 들어서는 사회적 정년의 횟수가 점차 늘어나는 추세다. 실제로 가까운 주유소나 식당 또는 주차장, 아파트 경비실에 가보면 60대 이상의 어르신이 일하는 모습을 자주 볼 수 있다. 이분들의 지금까지 직업 선택의 흐름을 보면, 50대 초·중반까지 직장생활, 그후 10여 년 정도 자영업, 그리고 현재 직업에 종사하는 식이다. 일의 중요성이나 난이도가 떨어지며 소득도 하락하지만 어르신들의 체력과 시간에 맞는 새로운 일이 창출되고 있는 것이다. 이렇게 되면 사회적 정년은 3차까지 이어질 수도 있다. 어쨌든 현재 근로소득자로 일하고 있는 사람들의 사회적 정년은 대략 이렇다.

그러면 현재 자영업을 하고 있는 사람들의 사회적 정년은 어떨까? 사실 자영업자의 정년은 연령을 설정하기가 애매하다. 근로소득자의 경우 본인의 의지와 상관없이 일을 더 이상 할 수 없는 경우가 많이 발생한다. 회사의 정책적인 감원이나 조직 내 역학관계 속에서 타의에 의해 또는 자의 반 타의 반으로 회사를 나오게 되는 경우가 다수이기 때문이다. 그러나 자영업의 경우는 본인의 일할 의지가 곧 사회적 정년이 된다. 따라서 현재 자영업에 종사하는 사람들은 본인의 건강관리와 사업적 능력이 사회적 정년을 좌우한다는 점을 명심하고 자기관리를 잘해나간다면 근로소득자들보다 사회적 정년 시점을 연장할 수 있을 것이다.

이렇듯 현재 평균수명의 증가와 노인 일자리 창출이라는 측면이 연동되어 새로운 사회적 직업구조가 생겨나고 있다. 따라서 사회적 정년은 최근의 라이프사이클과 재무설계적 관점에서 재해석될 필요가 있다.

경제적 정년

사회적 정년과 함께 우리 인생에서 중요한 또 하나의 정년은 '경제적 정년'이다. 경제적 정년은 사회적 정년과 좀 다른 개념이다. 사회적 정년이 자기 노력을 통해 얻는 수입과 관련이 있는 것이라면,

경제적 정년은 지출의 관점에서 보는 개념이다. 경제적 정년의 재무 설계적 개념은 '수입과 지출이 같아지는 시점'이다.

예컨대 현 추세를 감안해 일반적으로 30대 초반에 가정을 꾸린 다고 하면, 40대 초·중반까지는 수입이 지출보다 많을 것이다. 그러나 특정 시점을 지나면서 지출이 수입을 초과하게 되는데, 바로 이 시점이 경제적 정년이다.

우리나라의 경우 첫째가 대학에 입학하는 시점을 경제적 정년으로 보고 있다. 한 가정에서 대학생이 생긴다 함은 공·사교육비에서 최고의 정점을 찍는 것과 같다. 우리 사회에 아무리 사교육 열풍이 몰아치고 그에 따른 교육비가 폭발적으로 증가한다고 하지만, 그것은 일부 중산층 이상의 가정에 해당하는 경우이고, 여전히 많은 가정에서는 사교육에 아무리 많은 지출이 할애된다고 해도 자녀의 대학 진학 이후의 학자금과는 비교할 수 없을 정도인 게 사실이다.

우선 자녀가 대학생이 되면 크게 네 가지 측면에서 비용이 들어가게 된다. 첫 번째가 등록금이다. 기본적으로 일반 인문, 사회, 경영 계열에 들어간다면 학교마다 조금씩 차이는 있겠지만 현재 기준으로 1년 등록금은 1,000만 원에 육박한다. 만일 자녀가 예·체능계나 의대, 외국 유학의 길을 택한다면 이보다 1.5배에서 3배가량 증가한다.

물론 자녀가 공부를 잘해서 서울대에 입학하게 되면 등록금은

1/3 정도로 줄어들 수 있고, 사립대에 우수한 성적으로 입학해 4년 장학생으로 다닌다면 등록금에 대해서는 전혀 고민할 필요가 없을 것이다. 그리고 지방의 국·공립대에 들어가도 조금은 부담을 덜 수 있을 것이다. 그러나 지금 정치권에서도 논의되고 있는 반값 등록금의 꿈이 실현되지 않는 한 대학 진학 이후의 교육비 부담은

대학별 평균 등록금 현황 - 상위 10위

(단위: 천 원, %)

구분	대학	평균등록금	
		2012	2011
1	한국항공대학교	8,588	8,638
2	연세대학교	8,563	8,692
3	을지대학교	8,539	9,014
4	이화여자대학교	8,454	8,685
5	연세대학교(원주)	8,446	8,626
6	한양대학교	8,388	8,585
7	추계예술대학교	8,386	9,317
8	한세대학교	8,361	8,913
9	홍익대학교(세종)	8,354	8,487
10	성균관대학교	8,333	8,508

자료: 교육과학기술부 (2012.2.29)

실로 어마어마하다.

두 번째 비용은 자기계발비용이다. 요즘 대학생들은 졸업 이후 취업을 위해 이른바 '스펙' 쌓기에 몰입 중이다. 적게는 한두 개 외국어는 기본이고 많게는 서너 개 외국어에 도전하며 자신의 몸값 올리기에 여념이 없다. 뿐만 아니라 본인의 전공과 관련된 각종 자격증이나 그밖에 다양한 자격증을 취득하기 위해 많은 비용을 투자하고 있다.

일례로 학원수강 비용을 살펴보자. 아르바이트 전문 포털 '알바몬'의 2011년 설문조사에 의하면 대학생들이 학원수강을 위해 지출하는 비용은 월 28만 165원에 달했다. 설문에 참여한 대학생 중 57.9%가 최근 3개월 내 학원강의, 개인교습 등 사교육을 받은 경험이 있는 것으로 드러났다. 응답군별로 보면 성별, 학년에 따른 차이는 크지 않았다. 전공별로는 인문/사회계열 학생의 74.3%, 예체능계열 학생의 72.2%가 3개월 내 학원수강 경험이 있는 것으로 나타나 나란히 1, 2위를 차지했다. 의약학계열(37.5%)과 사범/법학계열(42.6%), 경상계열(46.1%)은 상대적으로 학원수강 비중이 낮은 전공계열로 조사되었다. 학원강의를 수강하는 대학생들은 그 이유로 '취업 준비(30.7%)'를 가장 먼저 꼽았다. '자기발전 및 경쟁력 확보를 위해(28.6%)', '자격증, 공인 점수 등 당장 필요에 의해(26.5%)' 학원강의를 듣는다는 응답도 이어졌다.

만약 자녀가 대학 재학 중 해외연수나 교환학생 프로그램에 참여한다고 하면 연간 2,000~3,000만 원의 비용은 추가로 감수해야 할 것이다. 물론 자녀가 스스로 열심히 공부하고 아르바이트도 해서 자기 용돈을 자력으로 해결한다면 다행이지만, 과연 그런 효자가 몇이나 될지 의문이다.

세 번째 비용은 용돈이다. 대학생들도 성인이기에 나름의 경제활동이 이어진다. 기본적으로 식비와 교통비뿐만 아니라 개인적인 커뮤니티 형성을 위한 잡비 등이 주 항목이다. 이러한 용도로 나가는 비용은 '알바몬'의 통계에 의하면 평균 44만 8,000원 정도라고 한

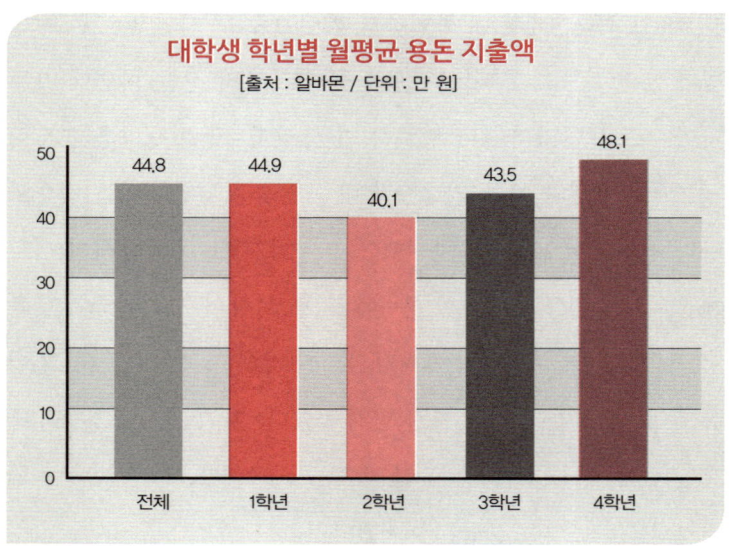

다. 학년별, 성별로 차이가 있기는 하나 식비, 교통비, 사교육비 및 각종 사교 비용 등으로 이 정도를 지출한다고 한다. 위의 인당 평균 사교육비 28만 165원을 제외하면 순수 소비로 20만 원 가까이 쓰고 있는 것으로 유추할 수 있다.

마지막 네 번째 비용은 자취비용 또는 하숙비다. 우리나라 대학생의 경우 자신의 거주 지역에서 대학을 다니는 비율이 수도권의 경우 대체로 50% 정도라고 한다. 전체 대학생들의 통계는 나와 있지 않으나 각 대학별 연도별 평균치를 보면 대략 50% 정도가 된다고 한다. 다시 말해 부산, 대구, 광주, 전주 심지어 제주도에서 서울이나 인근 수도권 대학으로 유학을 오는 학생과 반대로 서울이나 수도권에서 지방으로 내려가는 학생 비율이 50%에 육박한다는 것이다.

이러한 상황에서 주거 문제는 대학생들에게 큰 짐이다. 가뜩이나 비싼 등록금에 허덕이는 마당에 비좁은 방 한 칸 구하는 데 큰 돈을 내야 하니 이중고가 따로 없다. 대학 기숙사에 들어가는 것도 '하늘의 별따기'에 가깝다. 한 조사에 따르면 지난해 서울 소재 41개 대학 중 23개 대학의 기숙사 수용률은 10%에 불과했다. 가까스로 기숙사에 들어가도 입주비가 만만치 않다. 최근 지은 사립대 민자 기숙사의 경우 1인실이 월평균 48만 8,000원, 2인실은 약 32만 5,000원에 이른다. 서울 대학가 원룸 및 고시원의 평균 월세가와 비숫하거나 약간 낮은 수준이다. 얼마 전 필자가 신촌 일대의 부동산을 탐방해보니 1인당 하숙비가 대체로 40~45만 원 정도로 가격이 형성되어 있었다. 더욱이 비싼 방값 대비 주거 현실은 무척이나 열악하다. 지난해 서울 시내 10여 개 대학 총학생회가 합동 실시한 조사를 보면 서울에 방을 얻어 사는 대학생 중 절반이 국토해양부가 정한 1인당 최저주거기준 14m^2(약 4.2평)에 모자라거나 겨우 충족하는 좁은 곳에 산다. 또 10명 중 4명은 한 방에 1년을 머물지 못하고 이사를 다닌다고 한다.

■ **대학생이 되면,**

1. 1년간 등록금 : 1,000만 원

2. 자기계발비 : 월평균 30만 원 × 12개월 = 360만 원

   (자기계발을 위해 들어가는 학원비, 교재비, 전공과목 교재비)

3. 용돈 : 월평균 20만 원 × 12개월 = 240만 원

4. 하숙비/자취비 : 월평균 50만 원 × 12개월 = 600만 원

계 : 최소 1,600만 원~2,200만 원

이처럼 가정에 대학생 한 명이 생기는 순간 적게는 연간 1,600만 원에서 많게는 2,200만 원 정도까지 비용이 발생한다. 물론 위의 비용을 모두 부모가 부담하지는 않는다. 우리의 착한 자녀들은 부모의 경제적인 부담을 알고 이해하기에 나름대로 열심히 공부하고 가능하면 아르바이트 등을 통해 각종 비용의 일부를 부담하기도 한다. 하지만 그 금액이 부모가 지원해주는 그것에는 크게 미치지 못할 것이다. 또한 사회진출을 위해 무엇보다 열심히 공부해야 한다는 사실을 명심하면 돈 버는 것이 우선일 수는 없다. 따라서 부모가 자녀들이 열심히 학업에 정진할 수 있도록 돕는 것도, 힘들지만 해야 할 힘겨운 의무가 아닐까 생각한다.

그러면 대학생 자녀가 있는 가정의 가장 나이와 수입이 어느 정도 될까? 보통 우리나라 근로소득자의 경우, 30세에 아이를 갖고 아이가 20세 대학생이 되면 50세 정도에 이른다. 그때 평균소득을 5,000만 원 내외로 본다면, 대학생 한 명이 연간 소득의 30%에서 45% 정도를 몰아 쓰게 된다는 결론이 나온다. 이러니 어떻게 그 가정에서 저축이 가능하겠는가?

그래서 첫째가 대학에 들어가는 시점을 경제적 정년으로 규정하게 된 것이다.

부모와 자식이 모두 가난한 시기

한편 우리나라 사람들의 지출선을 크게 올리는 두 번째 요인인 결혼자금에 대해서도 정리하고 넘어갈 필요가 있다. 우선 교육비에 관해 생각해보면 우리나라는 세계 어느 나라보다 교육열이 높고, 사실 그 덕분에 단기간에 급격한 성장을 이뤄냈다고 말하는 이들이 많다. 또 교육을 사회·국가적인 관점에서 장기적인 인적투자라고 본다면 그렇게 많은 대가를 치러도 큰 문제가 아니라고 할 수도 있을 것이다. 그러나 결혼자금에 대해서는 우리 국민 모두가 다시 한번 고민해볼 필요가 있을 것 같다. 필자가 라이프사이클을 연구하는 동안 여러 나라 사람들의 인생 패턴을 지켜보면서 느낀 점한 가지는 우리나라 결혼자금의 과소비가 너무 심하고 특히 남자측에서 경제적 부담을 느끼는 불공평한 상황이 전개되고 있다는 점이다.

우선 우리나라 사람들의 결혼 풍속도에 관한 2011년 통계청 자료를 살펴보면, 평균 초혼연령이 남성 31.8세, 여성 28.9세이다. 과거 20여 년 전의 수치와 비교해 남성, 여성 모두 4세 이상 늦어졌으며, 이는 우리나라의 경제적 여건과 큰 관련이 있음을 알 수 있다. 결혼연령이 증가한 이유는 젊은 사람들의 라이프사이클 스타일의 변화에도 기인하지만, 무엇보다 가장 큰 이유는 결혼자금이 부족해서다.

얼마 전 〈조선일보〉에서 인터넷 취업포털사이트 '사람인'이 결혼을 준비 중인 미혼 직장인 1,558명을 대상으로 설문조사한 결과를 보도한 바에 따르면, 필요하다고 생각하는 결혼비용은 평균 2억 66만 원인 것으로 나타났다.

조사 대상자의 37%는 집 마련에 1~2억 원, 13.5%는 9,000~1억 원, 12.9%는 2~3억 원, 6.6%는 8,000~9,000만 원, 6%는 7,000~8,000만 원이 필요하다고 답했다. 이를 평균 내면 1억 4,582만 원이다.

주택마련 비용의 조달방법은 대출(34.5%), 적금 등 모아둔 돈(32.7%), 부모님 지원(22.2%) 등의 순이었다. 계획하는 주거 형태로는 전세(61.9%), 자가(自家, 23.6%), 반전세·월세(9.4%) 등의 순서로 나타났다.

주택 마련비를 제외한 예상 결혼비용은 2,000~3,000만 원(20.2%), 1,000~2,000만 원(19.7%), 3,000~4,000만 원(14.1%), 4,000~5,000만 원(12.3%), 1~2억 원(8.1%), 1,000만 원 미만(5.9%), 5,000~6,000만 원 미만(5.7%) 순이었다. 이를 평균 내면 5,484만 원이다.

결혼비용 부담으로 96.7%는 '금전적 박탈감을 느낀다'고 답했고, 그중 47.5%는 '매우 자주 느낀다'고 밝혔다.

　현재 우리나라 사람들의 일반적인 결혼문화를 보면 남성이 집을 해결하고 여성이 각종 혼수를 준비하는 식이다. 이 경우라면 남성은 대략 1억 4,000여 만 원 정도의 집 마련 비용이 필요하고, 여성은 6,000여 만 원 정도의 혼수비용을 감당한다. 앞서 언급한 통계상 남성의 초혼연령이 32세 정도라고 할 때, 군대를 다녀온 후 대학을 졸업하고 5~6년 정도 사회생활을 하다가 결혼에 골인하는 셈이다. 그런데 과연 이들이 1억 4,000만 원에 육박하는 결혼비용을 5~6년 안에 만들 수 있을까? 절대적으로 불가능하다.

　상황이 이렇다 보니 남성의 경우 전체 결혼비용 중 많은 부분을 부모가 부담하고 그것이 여의치 않으면 가정을 꾸리는 시점부터 채무자로 출발하게 되는 것이다. 여성의 경우는 금액은 적으나 부모가 부담하지 못하면 결국 신혼부부 한 쌍이 채무자로 인생을 출발하게 된다. 사랑하는 자녀의 인생 출발점에 조금이나마 도움을 줄 수 있다면 부모로서 큰 행복일 것이다. 그러나 그 비용은 너무도 가혹하다. 아들, 딸 가진 부모의 경우 대학까지 공부를 시켜주고도 자녀의 결혼을 위해 5~6년 동안 총 1억이 넘는 돈을 모아야 하는 셈이다.

　따라서 부모가 자녀들을 공부에만 집중시키고 채무자로 인생을 시작하지 않게 하기 위해서는, 자녀의 대학 진학 이후 매년 1,500만 원 이상을 준비해 자식이 결혼할 때까지 비용을 부담해야 하는 형편이다. 이렇다 보니 부모는 자식들 공부시키고 결혼시키는 데 거의 모든 경제력을 빼앗기고 정작 자신들의 노후는 가난하게 보내고 있는 것이 아픈 현실이다.

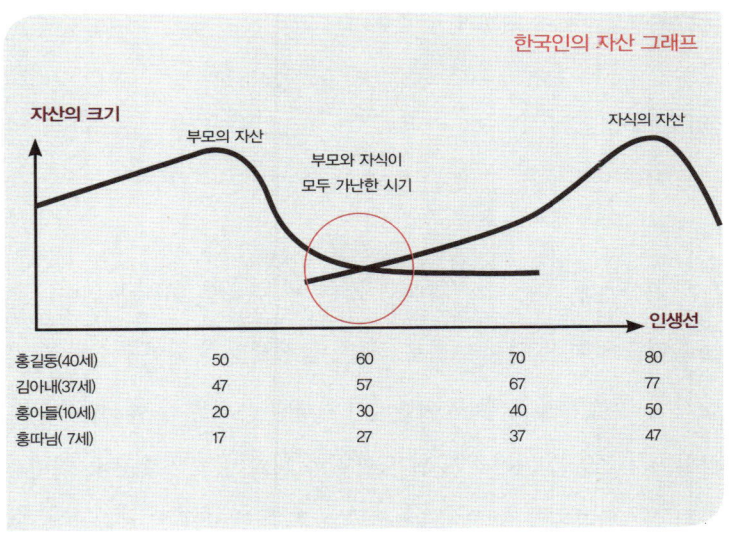

그림에서 보듯 우리나라 사람들의 자산은 50대 초반에 정점을 찍고, 이후 자녀 대학 학자금과 결혼자금 준비로 자산이 급격히 줄어들어 60대 이후부터는 가난한 노후를 보내고 있다. 한편 자식 입

장에서도 부모로부터 교육비 말고는 딱히 받은 게 없다. 잘해야 신혼집 구하는 데 1억 정도 받는 셈이다. 따라서 자녀가 출가한 시점은 부모나 자식이나 모두 가난한 시점이 된다. 만일 이때 부모든 자식이든 어느 한쪽에 무슨 일이 생기기라도 한다면 그 경제적 부담으로 인해 양가가 위협받게 될 것이다. 따라서 이 시점에 가족이라는 울타리가 오히려 서로에게 부담감을 주는 곤란한 상황이 만들어질 수도 있는 것이다.

노후가 불안할 수밖에 없는 이유

마지막으로 지출선과 관련된 자금 중 중요한 변수에 해당하는 노후지출에 대해 알아보기로 하자. 삼성생명 은퇴연구소는 최근 발간한 안정적인 노후를 위한 《삼성생명 은퇴총서》에서 은퇴 후 생활비의 쓰임을 기본적인 월 생활비와 의료비, 장기요양비, 취미생활비 등 네 가지로 분류하고, 은퇴 이후 기본적인 월 생활비를 은퇴 이전 생활비의 70%로 정하면 된다고 제시하고 있다. 이 네 가지 항목을 좀 더 단순화하면 노후의 지출이 크게 두 가지로 나뉘는데, 첫째가 각종 경조사나 문화생활, 자기계발 등에 들어가는 노후생활비고 두 번째가 각종 의료비와 장기요양에 들어가는 노후의료비다. 과거의 재무설계에 있어서는 노후의료비 자체를 노후생활비 내에 포함시켰으나, 최근 급증하는 노후의료비는 생활비 수준에서 정의하기 어려울 정도이기에 따로 떼어내 연구해야만 혼다.

보통 노후생활비는 은퇴 전 생활비의 70% 정도로 산출한다. 4인 가계의 경우 각자의 생활비 부분을 25%라고 가정하면, 자녀들을 출가시켰으므로 생활비가 50% 정도 줄어든다고 해야 하나, 기본적으로 사회생활을 유지하는 데 들어가는 비용, 예를 들면 경조사비, 문화생활비 등은 일정 규모 이상 지속되어야 하기에 두 자녀 모두 출가를 했다 하더라도 비용이 크게 줄지 않는다고 보고 있다. 또한 노후의료비 부분이 포함된 경우로 가정했으므로 일반적으로 70% 정도라고 보는 것이다.

한편 통계청 자료에 따르면 전국 65세 이상 노인가계의 평균지출은 155만 원 선으로 조사되었지만 앞으로 노인들의 라이프사이클 스타일이 달라질 수밖에 없어 이를 그대로 적용하기는 무리라는 것이 전문가들의 조언이다. 실제로 삼성생명 FP센터가 지난 2010년 상담고객 512명을 대상으로 설문조사한 결과, 은퇴 후 필요할 것이라 예상하는 노후생활비로 200~300만 원을 꼽은 사람이 32.7%, 300~500만 원이 27.4%, 100~200만 원이 19.6% 등이었다.

우선 노후의료비의 규모를 파악해보면 다음 도표에서 나타나

듯, 지속적으로 증가 일로에 있으며, 앞으로 삶의 수준 향상과 의료기술의 발달로 인해 더욱 커지리라고 예측된다.

노후에 소요되는 의료비는 일반적인 병원비, 고액의 병원비(암, 심장질환, 뇌혈관질환), 장기요양비 등 크게 세 가지로 구분할 수 있다. 일반적으로 노후에는 만성질환 등으로 통원치료 수준의 병원비가 들게 마련이다. 다행히 우리나라는 건강보험제도가 비교적 잘 갖춰진 덕분에 일상적인 병원비는 생활비의 일부에서 해결할 수 있다. 두 번째 고액의 병원비의 경우, 지난해 통계청 자료에 따르면 지난

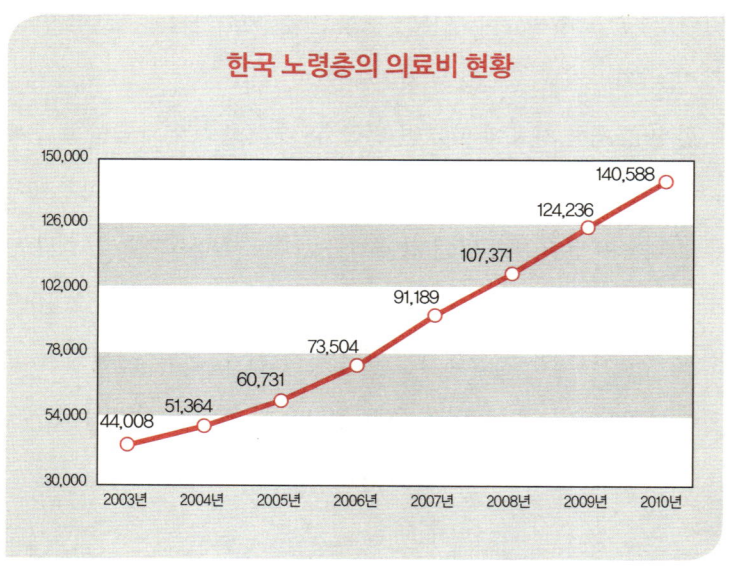

한국 노령층의 의료비 현황

150,000	
140,588	
126,000	124,236
107,371	
102,000	
91,189	
78,000	
73,504	
60,731	
54,000	51,364
44,008	
30,000	
2003년 2004년 2005년 2006년 2007년 2008년 2009년 2010년	

출처 : 한국보건사회연구원 / 단위 : 억 원

10년 동안 65세 이상 고령자의 사망원인은 암, 뇌혈관질환, 심장질환의 순으로 나타난 바, 준비되어 있지 않은 노후의 고액병원비는 노후 가계경제에 큰 부담으로 작용할 것이다. 국립암센터와 질병관리본부의 분석결과 암으로 진단받은 후 들어가는 총 의료비(간병비 포함)는 간암이 6,600만 원 정도이고, 우리나라 사람에게서 유병률이 가장 높은 위암은 2,685만 원, 여성들이 많이 걸리는 유방암은 1,768만 원 정도였다. 게다가 암이 발병하면 더 이상 일을 할 수 없게 되는 경우가 많아 경제적 부담이 더욱 늘어날 가능성이 높다.

주요 암 종류별 환자 1인당 비용 부담

❶ 간암	6622만 7천
❷ 췌장암	6371만 7천
❸ 폐암	4657만 3천
❹ 담낭암	4254만
❺ 위암	2685만 6천
❻ 대장암	2352만
❼ 유방암	1768만 5천
❽ 자궁경부암	1612만 6천
❾ 방광암	1464만 1천
❿ 갑상선암	1126만 3천

자료 : 국립암센터

세 번째 노후의료비에 해당하는 장기요양비의 경우, 치매나 뇌졸중, 당뇨와 같은 노인성 질환은 장기적인 치료가 필요한 질병이다. 이에 대한 치료는 요양병원과 요양원 같은 시설을 이용하면 가능한데, 적지 않은 비용이 필요한 상태다. 요양원의 경우 보험적용을 받더라도 본인이 부담하는 비용은 월 50~70만 원이 소요되고 요양병원은 월 80~250만 원이 소요되는 것으로 알려져 있다.

라이프사이클의 주요 변수 1 : 가장과 첫째 자녀와의 나이 차

라이프사이클을 그려가는 데 있어 변수는 세 가지가 있는데, 그 첫 번째가 가장과 첫째 자녀와의 나이 차이다. 아울러 자녀 수 또한 지출선을 연장하는 데 크게 작용하므로 이 두 가지 변수를 살펴보는 것이 라이프사이클을 이해하는 데 매우 중요하다. 우선 아래 그래프들을 통해 가장과 첫째 자녀와의 연령 차, 자녀 수 부분부터 살펴보기로 하자.

옛말에 자식농사는 일찍 지어놔야 늙어서 편하다는 말이 있다. 가장과 첫째와의 나이 차가 가계경제에 미치는 영향을 보면 옛말이라고 그냥 흘려듣기만 할 일은 아니라는 점을 실감할 것이다. 현재 우리나라 사람들의 평균 초혼연령은 남자 31.8세, 여자 28.9세로 우리 나이로 30세를 훌쩍 넘겨 결혼을 하고, 결혼 후 2년 정도 뒤에 자녀를 갖는 것으로 알려져 있다. 이럴 경우 자녀가 대학에 들어가는 시점은 아빠가 50대 중반을 넘어선 경우가 대부분이다.

만일 우리나라의 정년/은퇴 시점이 20~30년 후에도 크게 변하지 않는다면, 대부분의 가정에서 자녀의 대학 학비와 결혼자금 마련에 상당한 어려움이 예상된다. 앞서 정년을 설명하면서도 언급했듯이 50대 초·중반에 다니던 회사를 나와 다른 일을 한다 하더라

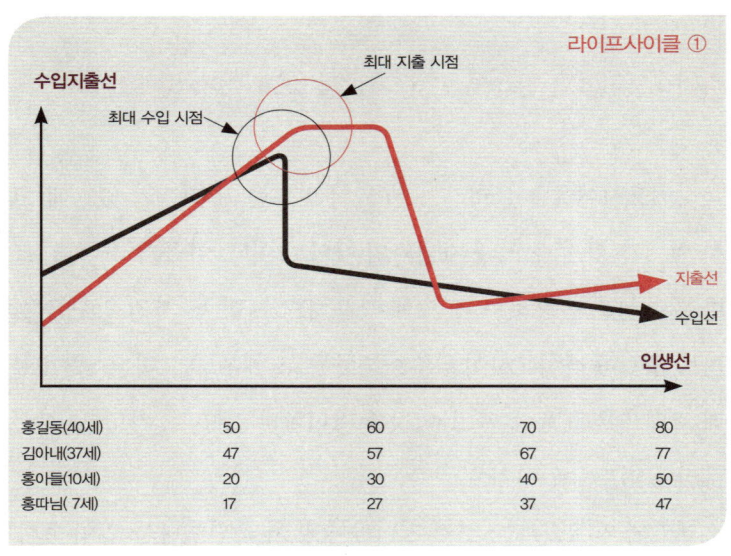

라이프사이클 ①

수입지출선

최대 지출 시점
최대 수입 시점

인생선

지출선
수입선

홍길동(40세)	50	60	70	80
김아내(37세)	47	57	67	77
홍아들(10세)	20	30	40	50
홍따님(7세)	17	27	37	47

도 최고 지출 시점이 최고 수입 시점과 격차가 나기 때문에 형편이 어려울 수밖에 없다. 일반적으로 자녀와의 나이 차가 30년 정도 나면 최고 수입 시점과 최고 지출 시점이 엇비슷하게 형성되어 인생의 제일 어려운 시점을 큰 문제없이 지나갈 수 있으나, 그 시점이 어긋나게 되면 특별한 준비나 꾸준한 저축이 동반되지 않는 한 나이가 들수록 힘들어지게 된다.

라이프사이클①은 첫째 자녀와 가장의 나이 차가 30년 정도 나는 일반적인 경우다. 그림을 보면 알 수 있듯이 지금부터 10년 정도 추가적인 저축 가능 기간에 홍길동 씨가 건강하게 열심히 일한

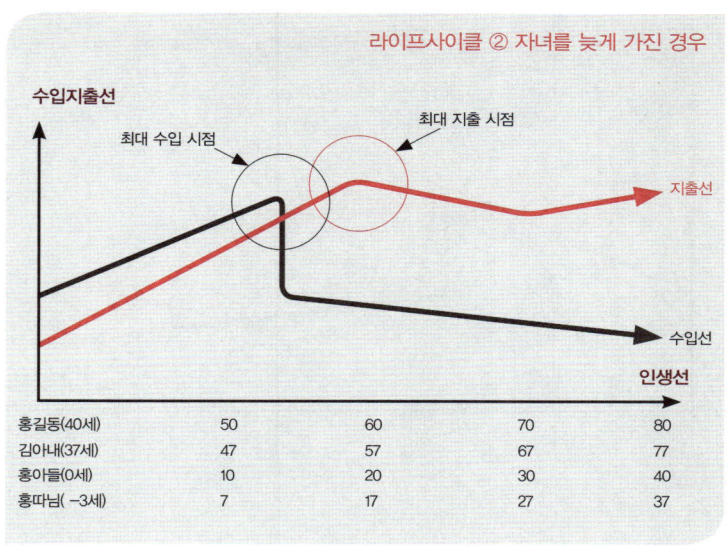

라이프사이클 ② 자녀를 늦게 가진 경우

수입지출선

최대 수입 시점

최대 지출 시점

지출선

수입선

인생선

	50	60	70	80
홍길동(40세)	50	60	70	80
김아내(37세)	47	57	67	77
홍아들(0세)	10	20	30	40
홍따님(−3세)	7	17	27	37

■ 지출선이 하락하지 않는 이유는 자녀 결혼자금과 노후생활비 · 의료비가 합쳐지기 때문

다면 최고 지출 시점과 크기와 기간을 비슷하게 맞춰갈 수 있을 것이다.

그러나 라이프사이클②처럼 홍길동 씨가 30대 후반에 결혼해서 40세 가까운 나이에 자녀를 두게 된다면 노후가 상당히 힘들어질 가능성이 크다. 즉, 홍길동 씨의 최대 지출 시점이 지금보다 10년은 더 늦어지게 되고 그에 따른 육체적·정신적 과로가 쉽게 올 것이며 이는 경제력의 저하로 이어질 것이다.

반면에 만일 홍길동 씨가 결혼을 일찍 해서 20대 중반에 첫째를 갖게 된다면 라이프사이클은 라이프사이클③처럼 바뀔 것이다. 즉

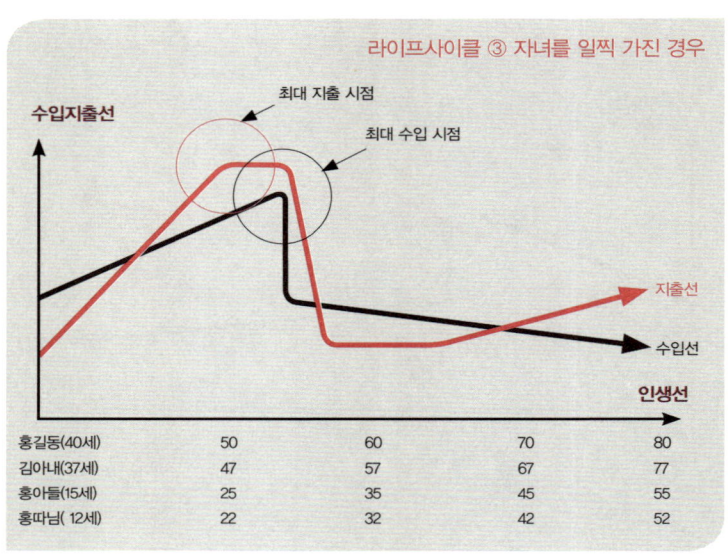

	50	60	70	80
홍길동(40세)	50	60	70	80
김아내(37세)	47	57	67	77
홍아들(15세)	25	35	45	55
홍따님(12세)	22	32	42	52

최대 지출 시점이 최대 수입 시점보다 앞서 형성되어 젊을 때 힘이 좀 들긴 하겠지만 노후에는 다소 안정되고 편안한 삶을 보내게 될 것이다.

이 두 가지 경우만 보더라도 첫째 자녀와 가장과의 연령 차이는 라이프사이클에 큰 영향을 미친다. 그래서 필자는 이 시대 미혼자들에게 가능하면 평균 결혼연령을 초과하지 말라고 충고하고 싶다. 특별한 능력이나 재산 또는 장기간 먹고살 수 있는 능력이 보장되어 있지 않다면 조금이라도 서둘러 가정을 꾸리는 게 보다 나은 미래 인생을 준비하는 하나의 방법일 수 있다.

라이프사이클의 주요 변수 2 : 자녀 수

다음은 평균적인 연령에 결혼해서 출산을 했더라도 자녀 수가
많은 경우다. 아래 그림처럼 자녀가 둘에서 셋으로 늘어날 경우 홍
아들2의 결혼 시점이 늦어짐에 따라 최대 지출 기간도 그만큼 길어
진다. 즉 홍길동 씨는 60대 후반에 막내를 결혼시키기 위해 경제적
준비를 해왔어야 한다. 이들에게 편안한 노후는 그리 쉽지 않을 것
같다. 하물며 자녀가 네 명, 다섯 명으로 더 늘어난다면 대단한 경
제력을 갖지 않는 한 그들의 노후는 괴로움의 연속일 것이다.

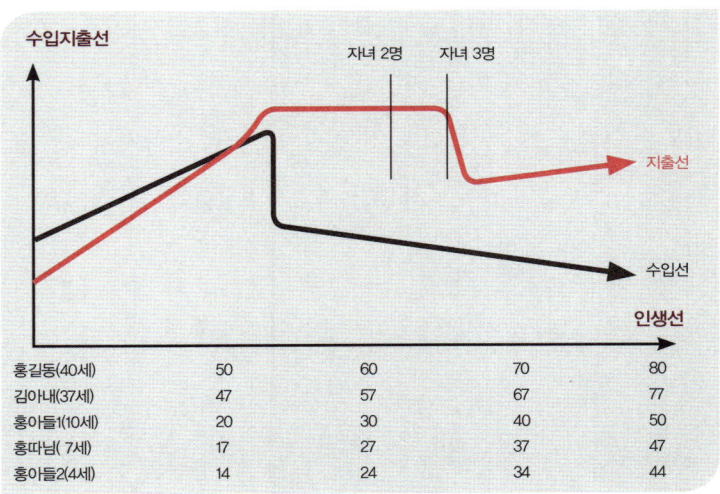

	50	60	70	80
홍길동(40세)	50	60	70	80
김아내(37세)	47	57	67	77
홍아들1(10세)	20	30	40	50
홍따님(7세)	17	27	37	47
홍아들2(4세)	14	24	34	44

근로소득자의 라이프사이클

자, 이제부터 앞서 설명한 내용을 토대로 직접 라이프사이클을 그려보겠다. 가장 일반적인 유형으로, 근로소득자와 자영업자 그리고 맞벌이 가정의 경우를 예로 들어 그려보기로 하자.

현재 우리나라의 업태는 크게 세 가지 유형이 있다. 고용주와 근로계약을 맺고 고용주의 지시에 따라 근로를 제공하고 그 대가로 임금을 지급받는 자를 통칭하는 근로소득자와 자신의 자본과 노동력을 통해 이익을 창출하는 사업자(개인/법인) 그리고 직업을 갖고자 하는 의지와 능력이 있지만 현재 직업이 없는 상태인 실업자로 구분할 수 있다. 라이프사이클이 현재를 기준으로 미래를 그려본다는 의미에서 현재 소득이 있는 사람들에게 유용하므로 세 개 업태 중 실업자는 제외하고 가장 일반적인 근로소득자와 사업자, 특히 소득이 연 1억 원이 넘지 않는 개인사업자를 중심으로 그려보겠다.

■ 근로소득자 홍길동 씨의 사례

가족사항 : 홍길동(40세), 김아내(37세), 홍아들(10세), 홍따님(7세)

직장사항 : 홍길동 씨는 ○○전자 입사 10년차 과장

　　　　　 52세 현 직장 퇴직 후, 약 10년간 자영업 예정

경제상황 : 현 연소득 5,000만 원, 월 생활비 350만 원, 저축·보험 150

　　　　　 만 원

　　　　　 현재 신도시 아파트 33평 소유(시가 3억)

　　　　　 추후 주택 추가 또는 확장 계획 없음

이런 경우 홍길동 씨의 라이프사이클은 어떻게 펼쳐질까? 한번 연구해보도록 하자.

우선 어느 정도 보관이 가능한 백지를 찾아보자. 라이프사이클은 시간이 경과함에 따라 또는 인생을 어떻게 설계하는가에 따라 달라질 수 있으므로 인생설계노트를 준비하는 것도 괜찮을 것이다. 노트를 가로로 놓고, 그림처럼 가로에 인생의 선과 세로에 수입 지출선을 긋는다. 그리고 좌측 하단의 접점에 가족들의 이름과 나이를 적는다. 이후 시간 경과에 따른 가족들의 나이를 적어나간다.

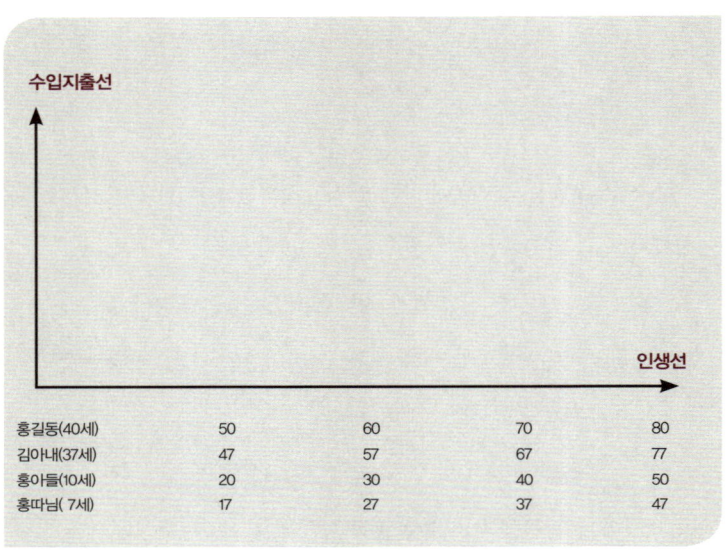

홍길동(40세)	50	60	70	80
김아내(37세)	47	57	67	77
홍아들(10세)	20	30	40	50
홍따님(7세)	17	27	37	47

10세 단위가 좋을 듯하다.

이제 10살밖에 안 되는 아들이 환갑, 진갑을 넘기고 칠순에 이른다고 생각해보라. 지금은 상상조차 안 되겠지만 앞으로 100세 인생을 살아간다면 언젠가 현실이 될 것이다. 이렇게 상상해보는 것만으로도 우리 인생을 설계해나가는 데 큰 의미가 있다고 생각한다. 먼 미래를 내다보고 인생의 특정 시점에서 나와 내 가족들이 어떤 모습을 하고 있으며 어떻게 살아가고자 하는지를 생각해보면 현재의 소중함도 커질 것이다. 여기에 자녀들의 결혼 후 태어날 손자들의 인생도 함께 넣어본다면 그 의미는 더 현실감 있게 다가

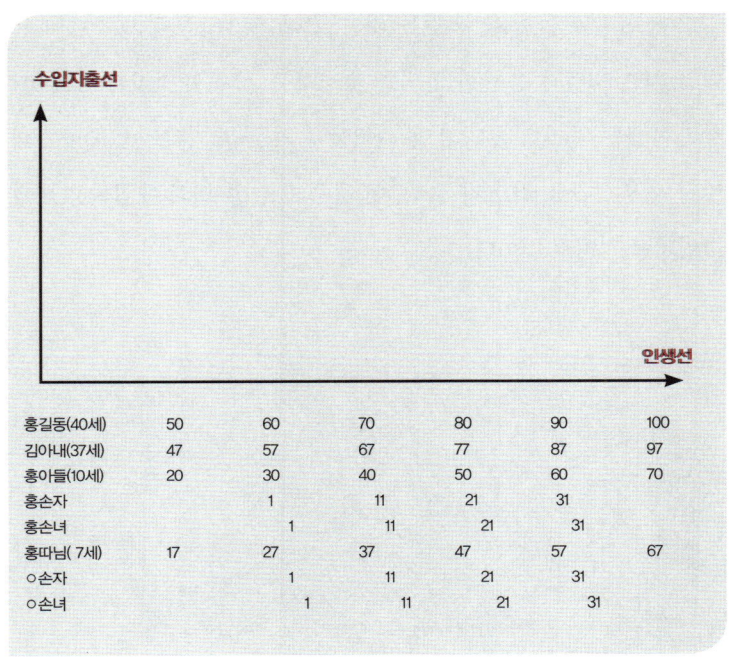

	50	60	70	80	90	100
홍길동(40세)	50	60	70	80	90	100
김아내(37세)	47	57	67	77	87	97
홍아들(10세)	20	30	40	50	60	70
홍손자		1	11	21	31	
홍손녀			1	11	21	31
홍따님(7세)	17	27	37	47	57	67
○손자		1	11	21	31	
○손녀			1	11	21	31

올 것이다.

이렇게 해놓고 보면 사위와 며느리를 포함해 나의 직계가족만 열 명이 넘어간다. 내가 90세를 넘어설 때쯤이면 손자손녀들도 결혼을 해서 증손을 볼 수도 있을 것이다. 지금은 조금 빠듯하지만 하루하루 최선을 다해 열심히 살아가는 당신의 모습이 자랑스럽게 느껴질 것이다. 늙고 힘없어 무기력한 노인의 모습이 아니라, 3대를 일궈낸 장엄하고 숭고한 인간의 모습이 그려질 것이다.

다시 현실로 돌아와, 홍길동 씨는 50대 초반에 퇴직하고 대략 10
년간 기존 직업과 유관한 업체를 운영하는 게 목표다. 그리고 60대
중반쯤에는 완전히 은퇴해 곧 태어날 손자들을 기다리며 배우자와
멋진 노후생활을 하고자 한다. 이 경우 홍길동 씨의 수입선은 아래
그림처럼 그려질 것이다.

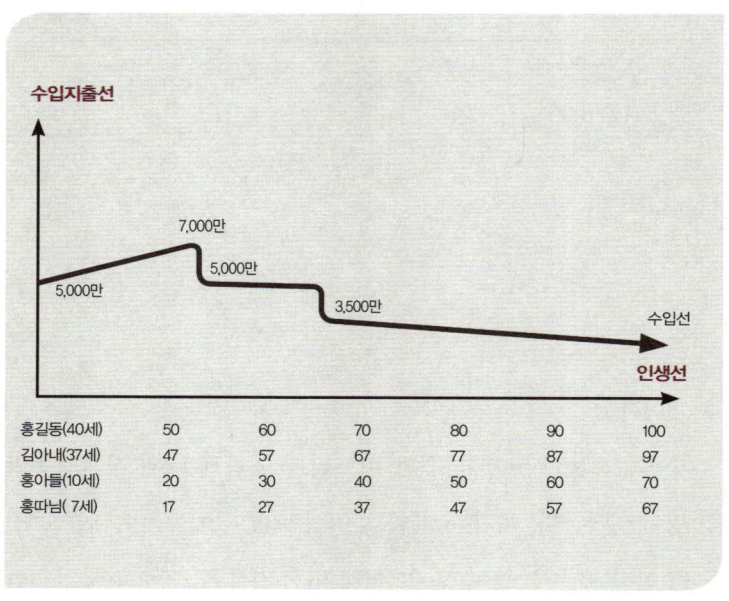

홍길동(40세)	50	60	70	80	90	100
김아내(37세)	47	57	67	77	87	97
홍아들(10세)	20	30	40	50	60	70
홍따님(7세)	17	27	37	47	57	67

현재 소득이 5,000만 원 정도라면 12~13년 후의 연소득도 예측
할 수 있을 것이다. 현재의 직장상사나 선배의 소득을 대략 알 것

이기 때문이다. 이렇게 해서 예상되는 1차 퇴직 시점의 연소득이 7,000만 원 정도라고 하자. 두 번째 직업의 연소득은 1차 퇴직 당시의 70% 정도로 추산할 때 5,000만 원 정도가 될 것이다.

앞서 언급했듯이 자영업자들의 평균소득은 큰 변동이 없는 것으로 가정하여 향후 10년 정도 사업을 지속한다고 하고, 60대 중반 이후 완전 퇴직하여 각종 연금소득으로 노후를 보낸다고 하자. 이때 연금소득을 마지막 은퇴 시점의 70% 정도로 가정하면 3,500만 원 정도가 될 것이다. 그 이후 연금액이 물가상승률에 연동하는 경우가 아니라면 물가상승률과 비례해 수입이 조금씩 낮아질 것이다. 물론 본인 판단에 연금액이 위 그림보다 많을 것 같다거나 적을 것 같다면 그에 맞게 표시해주면 된다.

라이프사이클은 매우 합리적으로 치밀하게 계산된 수학적 도구가 아니다. 인생의 특정 시점에서 앞으로 다가올 미래를 단순화시켜 그려보고, 그럼으로써 현재 인생의 방향을 새롭게 설정하여 미래의 삶에 힘을 실어주기 위한 도구다. 그래서 가능한 여러 상황을 대입시켜볼 수는 있으나, 정확한 데이터를 요하지는 않는다. 우리 미래에 확정적인 사건이 몇이나 있겠는가? 그래서 하는 얘긴데, 부정확하다는 둥, 단순하다는 둥 뒷다리는 잡지 말자. 라이프사이클 본연의 목적은 남은 인생에 나름의 의미를 부여하고 그것을 통해 행복한 미래를 그려가자는 것이다.

이렇게 해서 홍길동 씨 가족의 수입선이 완성되었다. 다음으로 지출선을 그려보도록 하자.

지출은 항상 주의해야 하므로 빨간선으로 그리도록 하자. 현재 월 350만 원 정도를 지출한다고 가정할 때 연간 지출액은 4,200만 원(350×12=4,200)이 나온다. 이것을 세로선의 수입선 아래 빨간선으로 표시하면 되겠다.

여기서 지출이란 전체 수입에서 저축과 보험을 뺀 것으로 정의하자. 일상의 생활비는 물론 교육비, 세금, 각종 잡비를 포함하는 그야말로 모으는 것을 뺀 나머지를 지출로 정의하자는 것이다. 이후 지출선은 서서히 증가할 것이다. 자녀들이 커가면서 공·사교육비 규모도 커질 것이고 각종 문화생활비 등도 늘어날 것이기 때문이다. 그리고 수입의 증가에 따른 세금도 늘어날 테니, 저축 가능 금액은 반대로 서서히 줄어들 것이다. 그러다가 아들이 대학에 들어가는 시점이 오면 더 이상 저축이 불가능한 경제적 정년을 맞이하게 될 것이다. 3년 후 따님이 대학에 가게 되면 교육비는 더 큰 폭으로 증가하고, 앞서 언급한 것처럼 향후 10년 내 다가올 아들이와 따님이의 결혼자금으로 매년 2,000~3,000만 원 정도는 준비해가야 할 것이다. 바야흐로 지출 집중 기간에 접어든 것이다.

이런 지출 집중 시기는 아들이와 따님이를 모두 출가시킨 후에야 끝날 것이다. 그러나 안도의 한숨도 잠시, 홍길동 씨가 65세를 넘어서는 순간부터 노후의료비를 포함한 노후생활비가 노후수입을 초과할 수도 있다. 물론 이는 사회통계학적 수치에 의한 것이므로 모두에게 똑같이 적용된다고 볼 수는 없다. 하지만 통계의 힘은 생각보다 강력하다. 그러니 미래를 대비한다는 마음으로 통계를 반영해 지출선을 상향으로 그려보자. 아래의 그래프가 수입선과 지출선을 합친 라이프사이클의 모양이다.

이 라이프사이클을 인생의 단계별로 나눠보면, 지금부터 아들이가 대학에 들어가기 전까지가 저축이 가능한 '저축 가능 기간'이 되

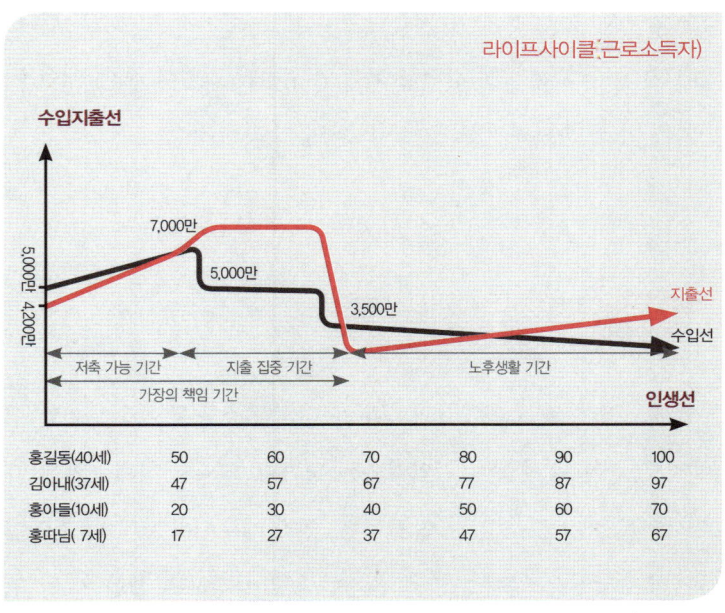

고, 이후부터 아들이와 따님이가 출가하는 기간까지를 '지출 집중 기간'으로 볼 수 있으며, 두 자녀 출가 이후부터 남은 기간을 '노후 생활 기간'으로 3단계로 나눌 수 있겠다.

홍길동 씨는 결혼 후 10여 년 동안 꽤 많은 돈을 저축해왔을 것이다. 그러나 특별한 소득원이 없다면 앞으로 10년 후부터는 저축이 조금 어려워질 것이며, 상대적으로 지출은 크게 증가할 것으로 예상된다. 특히 앞으로 10년 저축 가능 기간과 그후 14~15년의 지출 집중 기간은 '가장의 책임 기간'이라 하여 가장의 경제적 책임이 극대화되는 시기다. 이 기간 내에 홍길동 씨에게 불의의 사고나 질병으로 인한 사망 또는 장기요양을 요하는 경우가 발생한다면 본인과 가족들이 겪게 될 경제적 고통은 엄청날 것이다. 이에 대한 대비책은 이 책 후반부에서 자세히 살펴보기로 하자.

자영업자(개인사업자)의 라이프 사이클

앞에서 말했듯 자영업자의 경우는 미래의 소득을 예측하기가 쉽지 않다. 본인의 역량이나 의지와는 별개로 의외의 경제상황에 따라 사업이 잘될 수도 있고 안될 수도 있기 때문이다. 그러니 자영업자들의 수입선은 현재 수준을 유지한다고 설정하면 좋을 것 같다.

만일 사업에 확실한 성공 요인이 있어 소득이 올라갈 거라 확신한다면 수입선을 서서히 올라가는 형태로 그려도 된다. 반면 본인의 연령이나 사업 가능성을 따져볼 때 장차 소득이 줄어들 것으로 예상된다면 적당한 기울기로 우하향하게 그리면 된다. 라이프사이클은 앞서 언급했듯 확실한 미래를 정확히 그려가는 것이 목적이 아니라 현 시점에서 미래를 예측하고 준비해가는 것이 우선이기에, 불확실한 상황을 억지로 반영할 필요는 없다.

그러면 홍길동 씨의 사례를 통해 자영업자/개인사업자들의 경우를 살펴보자.

가족사항 : 홍길동(40세), 김아내(37세), 홍아들(10세), 홍따님(7세)

직장사항 : 홍길동 씨는 ○○상사 10년째 운영 중, 앞으로 20년 더

　　　　　운영 예정. 향후 10년간 현재 수입보다 연 3% 이상 신장

　　　　　예정이나, 그후부터는 3% 정도씩 축소 예정

경제상황 : 현 연소득 5,000만 원, 월 생활비 350만 원, 저축·보험

　　　　　150만 원

　　　　　신도시 아파트 33평 소유(시가 3억)

　　　　　추후 주택 추가 또는 확장 계획 없음

홍길동 씨는 30세부터 ○○상사를 운영 중이며 향후 20년간 운영해갈 예정이라고 하자. 그가 예상하기에 지금과 같은 소득 규모의 사업을 20년간 유지할 것 같다면 수입선은 다음 그림과 같은 형태가 된다(수입선 ①).

반면 일에 대한 노하우가 쌓이고 시장 상황이 좋아져 앞으로 10년 정도는 매년 3%씩 수입이 증가해 10년 후인 50세에는 연소득이 7,000만 원 정도에 이를 것으로 기대되지만, 그 이후 10년간은 체력의 한계와 업황이 어떨지 몰라 매년 3% 정도씩 수입이 감소할 것으로 예상한다고 하자. 그리고 현재로서는 60세 이후 아무 일도 하지

않을 생각이다. 이럴 경우 홍길동 씨의 수입선은 아래 그림의 수입선 ②와 같은 형태가 될 것이다.

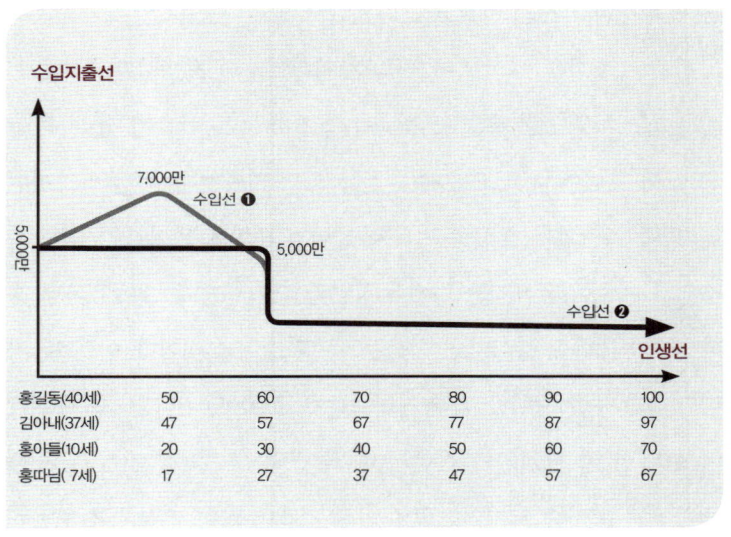

인생선	50	60	70	80	90	100
홍길동(40세)	50	60	70	80	90	100
김아내(37세)	47	57	67	77	87	97
홍아들(10세)	20	30	40	50	60	70
홍따님(7세)	17	27	37	47	57	67

그림에서 볼 수 있듯이 자영업자 홍길동 씨의 수입선은 근로소득자 홍길동 씨의 것보다 단순하다. 물론 생각지 못한 곤란으로 사업이 힘들어질 수도 있고 오히려 사업이 잘되어 예상보다 많은 수입을 올리는 등, 다른 예외적인 변수가 많이 있을 것이므로 자영업자의 그래프 형태가 반드시 위와 같이 단순하지만은 않을 것이다. 라이프사이클은 스스로 자기 인생을 그려보는 것이므로 본인

이 생각하는 바를 그대로 반영해나가면 된다. 다만 필자는 독자의 이해도를 높이기 위해 최대한 단순한 경우를 상정해서 설명할 뿐이니 필자의 그림에 구애받지 말고 독자 스스로 마음껏 상상의 나래를 펼쳐가며 자신의 인생을 그려보았으면 한다.

이제 지출선을 살펴보자. 위의 가정대로라면 자영업자의 지출선이라고 해서 근로소득자의 경우와 특별히 다를 이유가 없다. 따라서 앞서 그렸던 근로소득자 홍길동 씨의 지출선과 똑같이 그리면 된다. 즉 자영업자 홍길동 씨도 아들이가 대학에 들어가는 10년 후 수입과 지출이 같아지는 경제적 정년을 맞이하게 될 것이고, 3년 후 따님이가 대학에 들어가면 지출은 좀 더 늘어날 것이다. 이후 두 자녀의 결혼자금 준비를 위해 매년 2,000~3,000만 원 정도를 준비해야 한다면 지출 집중 기간은 60대 중반까지 이어질 것이고, 60대 중반 이후부터는 노인의료비로 인한 지출이 많아져 결국 지출선은 앞의 수입선 ②를 기준으로 다음 그림처럼 나타나게 될 것이다.

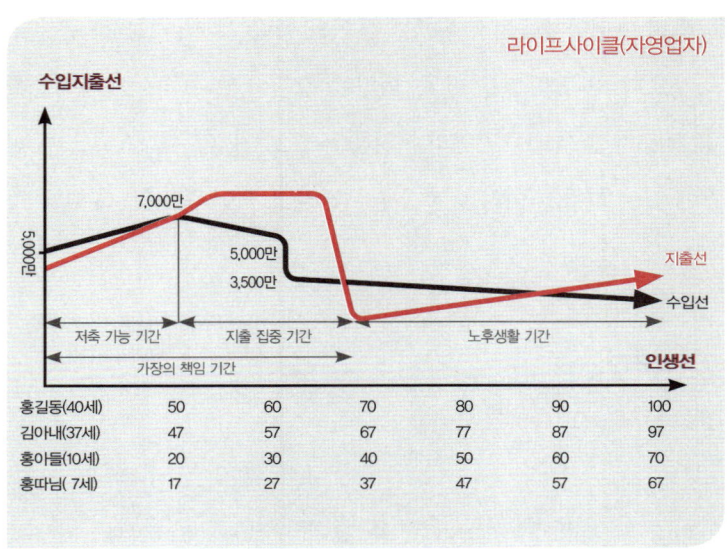

라이프사이클(자영업자)

홍길동(40세)	50	60	70	80	90	100
김아내(37세)	47	57	67	77	87	97
홍아들(10세)	20	30	40	50	60	70
홍따님(7세)	17	27	37	47	57	67

단순히 그래프만 놓고 보면 홍길동 씨 가정의 수입과 지출 사이에 큰 차이가 있다는 점을 알 수 있다. 물론 현재까지 저축해놓은 돈이 얼마인지가 관건이겠지만 특별히 많은 자금을 도아놓지 않은 경우라면 60대 이후 노후생활이 상당히 어려워질 것으로 보인다. 이에 대해 홍길동 씨가 취할 수 있는 대비책은 첫째. 현재 사업에 보다 더 많은 노력을 기울여 수입선을 더 올려가거나 둘째, 사업정리 시점을 더 늦춰서 노후를 준비할 수 있는 시간을 버는 것이다. 최소한 자녀 두 명 모두 출가할 때까지 또는 그 이상 사업을 영위할 수 있는 중장기적인 사업전략도 필요할 것이다.

특히 자영업자들의 경우에는 본인의 능력이 허락하는 한 근로소득자보다 더 오래 일을 할 수 있다는 장점이 있다. 라이프사이클을 잘 활용하면 사회적 정년의 시점을 스스로 가늠해볼 수 있으며, 인생에 있어 힘들고 어려운 시점을 예견하고 미리 준비할 수 있을 것이다.

맞벌이 부부의 라이프사이클

다음은 맞벌이 가정의 경우를 그려보겠다. 〈조세일보〉 기사를 인용하자면, 통계청이 발표한 '2012년 맞벌이 가구 통계' 자료에 따르면 지난 6월 말 기준(2012년) 우리나라의 유배우 가구(배우자가 있는 부부 가구)는 총 1,171만 6,000가구이며, 이 중 맞벌이는 509만 7,000가구에 달하는 것으로 나타났다.

전체 맞벌이 가구 수도 2011년 507만 1,000가구에 비해 2만 6,000가구 가량 증가했다. 다만 전체 부부 중 맞벌이 가구 비율은 43.5%로 전년 동기 대비 0.1% 낮아졌다. 남편이나 부인이 홀로 일하는 외벌이 가구는 491만 5,000가구로 전체 부부의 42%를 차지했고, 부부 모두 취업자가 아닌 '백수 부부'도 170만 4,000가구(14.5%)나 되었다. 특히 맞벌이 부부 중에서 서로 직장이 멀리 떨어져 있거나 자녀 교육여건 등의 이유로 떨어져 사는 비동거 맞벌이 가구도 47만 3,000가구로 집계되었다.

한편 맞벌이 가구 중 남자가 가구주인 경우는 461만 1,000가구로 전체의 90.5%를 차지했고, 여자가 가구주인 가구는 48만 5,000가구(9.5%)로 적었다. 가구주 학력에 따른 맞벌이 비율을 분석한 결과 고등학교 졸업 44.9%, 전문대 졸업 이상 43.4%, 중학교 졸업 이하 41.5% 등으로 나타나, 교육 정도에 따른 맞벌이 비율에는 큰 차이가 없었다.

연령별로는 40대의 경우 전체 부부 중 52.1%가 맞벌이 가구로 집계되었고, 50대도 맞벌이 비율이 49.8%에 달했다. 반면 30대는 41.1%, 15~29세는 39.5% 등으로 젊은 층의 맞벌이 비율이 상대적으로 낮았다.

이는 과거 10년 전, 20년 전에 비해 크게 증가한 수치다. 여성들의 사회 참여에 대한 인식 전환과 자녀의 사교육비 증가 등으로 인해 실제로 많은 여성들이 경제활동을 하고 있는 경우를 흔히 볼 수 있다.

맞벌이 가정의 라이프사이클도 일반적인 유형과 크게 다르진 않다. 그 가정의 가장을 기준으로 그린 라이프사이클 위에 배우자의 수입선을 더해가면 된다. 우선 앞에서도 한번 설명했듯이 근로소득자 홍길동 씨의 수입선은 다음과 같다.

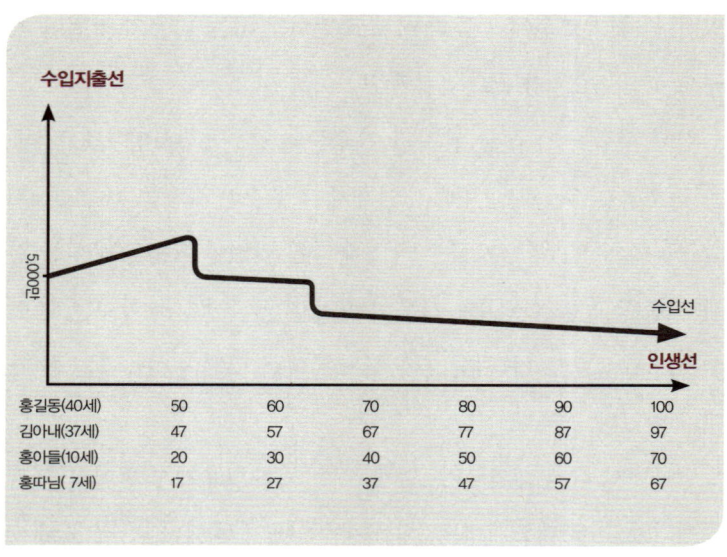

홍길동(40세)	50	60	70	80	90	100
김아내(37세)	47	57	67	77	87	97
홍아들(10세)	20	30	40	50	60	70
홍따님(7세)	17	27	37	47	57	67

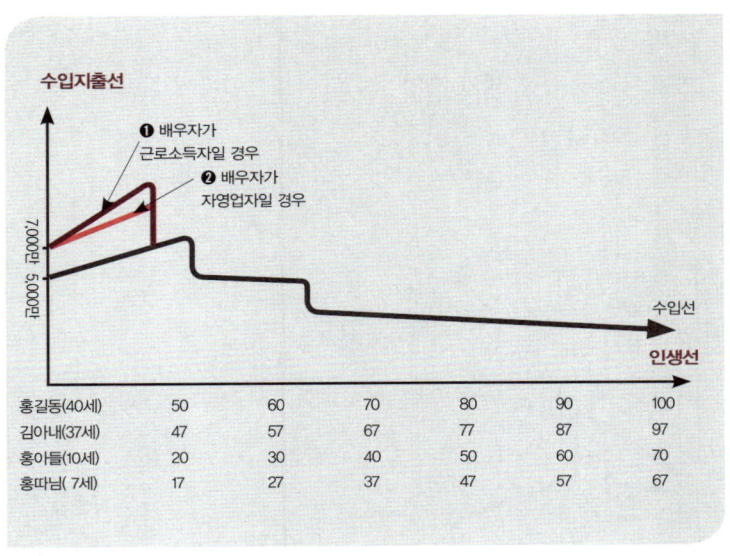

이제 김아내 씨가 맞벌이를 할 경우, 이 그래프 위에 김아내 씨의 연소득만큼 추가로 표기해주면 된다. 맞벌이하는 기간 역시 김아내 씨가 원하는 대로 그리면 된다. 김아내 씨의 일의 특성에 따라 수입선 역시 달라질 수 있다. 홍길동 씨처럼 근로소득자로 일을 한다면 시간이 경과함에 따라 남편의 수입선을 기준으로 우상향하는 형태로 그리면 될 것이고, 자영업을 한다면 평행하게 그리면 될 것이다.

만일 홍길동 씨가 근로소득자가 아니라 자영업을 한다면 아래 그래프처럼 홍길동 씨의 자영업자 라이프사이클에 김아내 씨의 수입선만 추가하면 된다.

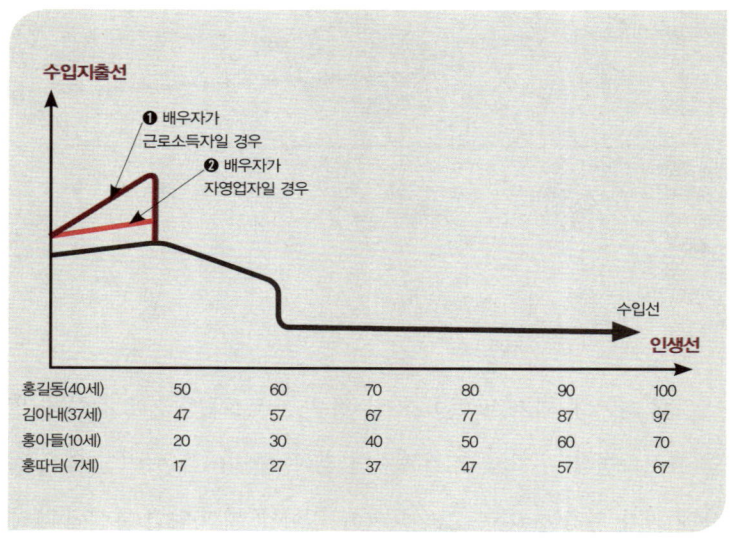

홍길동(40세)	50	60	70	80	90	100
김아내(37세)	47	57	67	77	87	97
홍아들(10세)	20	30	40	50	60	70
홍따님(7세)	17	27	37	47	57	67

근로소득자 홍길동 씨와 자영업을 하는 김아내 씨 가정의 경우, 지출선을 마저 추가한다면 아래 그림과 같은 형태의 그래프가 나올 것이다.

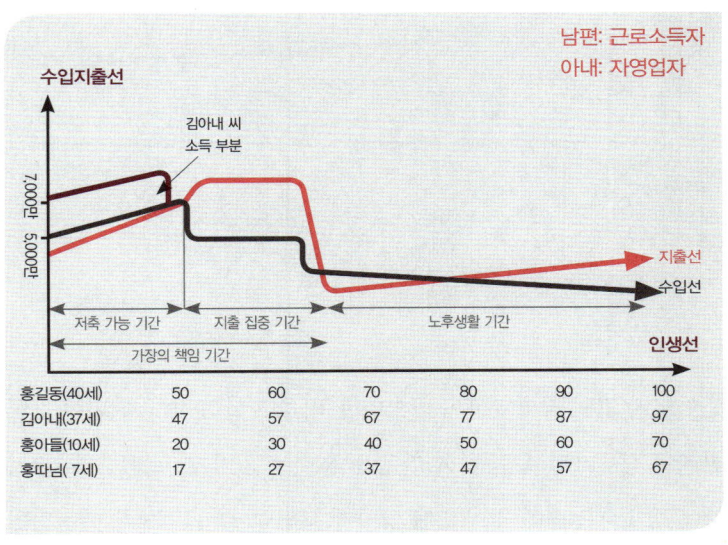

김아내 씨가 사업 기간을 좀 더 늘린다면, 예컨대 향후 20년 정도 사업을 유지할 경우, 김아내 씨의 소득 부분은 다음 그래프처럼 연장해서 그릴 수 있다.

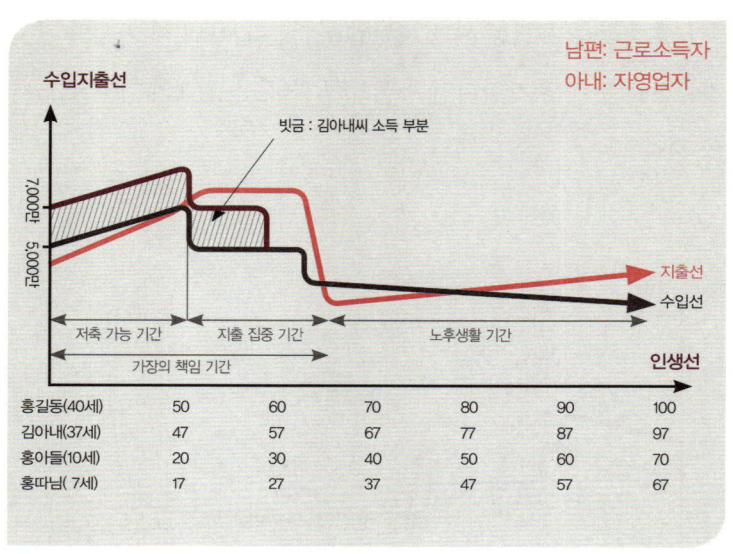

홍길동(40세)	50	60	70	80	90	100
김아내(37세)	47	57	67	77	87	97
홍아들(10세)	20	30	40	50	60	70
홍따님(7세)	17	27	37	47	57	67

이렇게 되면 라이프사이클에 대한 해석도 달라진다. 외벌이의 일반적인 경우라면 홍길동 씨 가정은 홍길동 씨가 50세 정도 되는 시점에 경제적 정년이 찾아오게 되지만 부인인 김아내 씨가 안정적인 사업으로 연간 2,000만 원 정도의 소득을 올린다면 경제적 정년을 몇 년 뒤로 늦출 수 있고, 그림에서 보는 것처럼 저축여력이 풍부해져 지출 집중 기간에도 지출이 수입보다 많아지는 역전액을 크게 줄일 수 있다. 결국 맞벌이를 통해 경제적으로 꽤 윤택해졌음을 라이프사이클을 통해 눈으로 쉽게 확인할 수 있다.

3장

어떤 인생이든
시각화가 가능하다

Life
Cycle

지금까지 홍길동 씨의 사례를 들어 평범한 사람들의 일반적 라이프사이클을 살펴보았다. 라이프사이클은 극히 평범한 사람들에게만 해당하는 도구가 아니다. 어떠한 상황에 있든, 미래에 대한 목표와 현실의 삶에 대한 의지가 있는 사람이라면 누구라도 그려낼 수 있는 유연한 인생 이미지화 툴이 바로 라이프사이클이다. 그런 의미에서 이번 장에서는 다양한 유형의 라이프사이클을 그려볼 계획이다.

앞에서는 직업 형태에 따라 근로소득자와 자영업자의 라이프사이클을 주로 살펴보았다. 여기에서는 삶에 대한 의지나 방향, 즉 삶의 형태에 따른 여러 유형의 라이프사이클을 설명하려고 한다. 그

중에서도 결혼을 계획 중인 경우, 나이가 다소 많은 경우, 평균보다 높은 수입을 올리는 고소득자, 평생 혼자 살기로 결심한 독신자의 경우를 살펴보기로 하자.

결혼을 앞둔 여성이라면?

　미혼자들의 경우 아무래도 아직은 혼자이다 보니 배우자와 자녀까지 포함한 라이프사이클을 쉽게 떠올리지 못한다. 결혼을 바로 코앞에 둔 경우에도 거의 마찬가지인 것 같다. 그들에게 인생은 다소 추상적이며 철학적인 관점에 머무르기 쉽다. 예컨대 '행복한 인생', '나누는 인생', '더불어 살아가는 인생' 등으로 자신의 미래 인생을 그리곤 한다. 나 역시도 그랬다. 그러나 실제 인생은 그렇게 낭만적이거나 추상적이지 않다. 특히 '돈 문제'에 있어서는 더욱 그렇다.

　몇 해 전 라이프사이클을 연구할 때였다. 당시 50여 명의 서로 다른 직업과 연령의 사람들을 만나면서 라이프사이클을 설명하고 인생에 대한 준비를 당부하고 다녔다. 그중에는 친구가 운영하는 조그만 회사에서 경리를 담당하는 여직원(성춘향, 가명)도 있었다. 여기서는 당시 컨설팅을 진행하며 실제로 나눴던 대화를 토대로 결혼을 앞둔 경우의 라이프사이클에 대해 설명해나가도록 하겠다.

가족사항 : 성춘향(28세), 부모님(60대 중반)과 동거 중

직장사항 : 24세 대학 졸업 후 현 직장에 취업, 직장 4년차 대리

경제상황

  – 수입 : 연소득 3,000만 원

  – 지출 : 월 생활비 형식으로 부모님께 매월 100만 원씩 드림

          월 개인 경비 100만 원(용돈, 기타 세금 및 급여공제금 포함)

          월 저축 50만 원

필자 : 춘향 씨 미인이네요. 사귀는 남자친구는 있어요?

춘향 : 네.

필자 : 남자친구가 몇 살이죠?

춘향 : 서른 살이요.

필자 : 결혼할 생각인가요?

춘향 : 네, 양가 부모님들에게 인사도 했고 조만간 날짜를 잡을
      예정이에요.

필자 : 그렇군요. 이것저것 준비하려면 많이 힘들겠네요.

춘향 : 네, 안 그래도 날짜 잡고 집 장만에 혼수 준비로 머리가 아파요.

필자 : 결혼 예정일은 언제쯤이죠?

춘향 : 내년 가을쯤으로 잡으려고요.

필자 : 집은요? 아파트로 갈 생각이에요?

춘향 : 네, 큰 건 아니고요, 신혼살림이니까… 직장과 가까운 분당 쪽에 23평 정도로 준비하려고요.

필자 : 분당이라면 시세가 만만치 않을 텐데요. 전세로 가시나요, 아니면 사서 가시나요?

춘향 : 어휴, 살 형편은 안 되고요, 남자친구가 70% 정도 하고 제가 30% 정도 해서 마련할 예정이에요.

필자 : 전세라도 가격이 만만치 않을 텐데요.

춘향 : 네, 2억이 훌쩍 넘더라고요.

필자 : 그럴 거예요. 혼수비용도 많이 들겠죠?

춘향 : 예단, 결혼식장, 사진, 드레스, 신혼여행까지 합쳐서 5,000만 원이 넘더라고요.

필자 : 본인하고 남자친구가 준비한 금액은 얼마나 돼요?

춘향 : 다 합쳐서 5,000~6,000만 원 정도요.

필자 : 그럼 나머지는 부모님께서 해결해주시는 거예요?

춘향 : 네, 그게 마음에 많이 걸려요.

필자 : 괜찮아요, 다 그렇게 시작한답니다. 춘향 씨하고 남자친구가 행복하게 열심히 살면서 부모님께 은혜를 갚으세요. 자, 그럼 제가 춘향 씨와 남편 될 분 그리고 장차 태어날 아이들과 함께할 춘향 씨 인생을 그려볼게요. 내년에 결혼한다고 했죠? 그럼 자녀 계획은 어때요? 한 명을 원해요, 아니면 두 명, 또는 그 이상?

춘향 : 요즘처럼 힘든 때…, 그래도 두 명은 있어야겠죠.

필자 : 첫째 아이는 결혼 후 얼마 정도 후에 출산할 예정이에요?

춘향 : 글쎄요. 바로 갖기는 좀 힘들지 않을까요? 직장생활도 해야 하고, 결혼 후 2년 정도 후에 가지려고요.

필자 : 그럼 둘째는요?

춘향 : 첫째 낳은 뒤 2, 3년쯤 있다가요.

필자 : 아이들은 아들은 원하세요, 딸을 원하세요?

춘향 : 저는 둘 다 아들이면 좋겠어요. 저희 집이 딸만 있어서 든든한 아들이 있었으면 좋겠어요.

필자 : 네, 그럼 춘향 씨와 미래의 가족들의 라이프사이클은 이렇게 출발하게 되겠네요. 우선 현재를 기준으로 김남친 씨와 성춘향 씨 그리고 미래에 태어날 아들군과 아들2군. 한 가족이 인생을 살아갈 가로선을 인생의 선이라 하고요, 10

년 단위로 나이를 죽 적어가볼게요. 그리고 인생을 살아

가며 가장 중요한 수단이 있는데, 춘향 씨 생각은 그게 뭐

일 것 같아요?

춘향 : 글쎄요… 돈 아닐까요?

필자 : 맞습니다. 물질만능주의가 문제다, 사람들의 가치가 돈으

로 평가되는 세상이다 하며 많은 사람들이 걱정을 하지만,

그래도 돈 없이는 현실적으로 살기가 어렵죠. 그런데 돈에

는 두 가지 성격의 돈이 있어요. 들어오는 돈과 나가는 돈,

들어오는 돈을 '수입'이라고 하고, 나가는 돈을 '지출'이라

고 해요. 춘향 씨는 이 두 가지 성격의 돈 중에 어느 게 더

중요하다고 생각하세요?

춘향 : 글쎄요, 아무래도 수입이 더 중요하지 않을까요?

필자 : 네, 맞아요. 우리는 수입에 의거해서 살아가기 때문에 들

어오는 돈, 즉 '수입'이 더 중요해요. 수입이 줄어들면 대부

분 거기에 맞춰서 지출도 줄이게 마련이거든요. 이렇게 들

어오는 돈과 나가는 돈의 합계액을 세로선에 '수입지출선'

이라고 표기할게요. 이 수입지출선은 춘향 씨와 남친 씨의

인생에서 들어오고 나가는 돈들의 총량이 어느 정도 되는

지 보여줄 겁니다. 아직 결혼도 안 했는데 미래 가족들의

인생이 이렇게 전개되어가는 것을 보니 어때요?

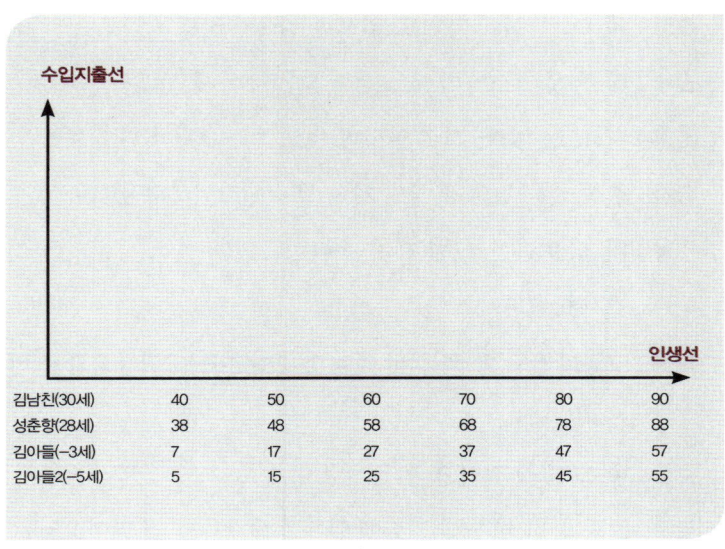

김남친(30세)	40	50	60	70	80	90
성춘향(28세)	38	48	58	68	78	88
김아들(-3세)	7	17	27	37	47	57
김아들2(-5세)	5	15	25	35	45	55

춘향 : 와, 너무 신기해요. 아직 결혼도 안 했는데… 태어날 아기
들이 50대를 넘는 인생까지 살아간다는 게.

필자 : 우리가 가까운 미래, 즉 5년에서 길게 10년 정도는 내다보
고 생각하지만 그 이상은 구체화해서 그려가기가 쉽지 않
아요. 그래서 오늘 제가 특별히 춘향 씨 인생의 종착역까
지 상상하게 해드린 거예요. 우리 인생은 길다면 길고 짧
다면 또 금방이에요. 나이 지긋하신 분들이 늘 말씀하시잖
아요. 나이 먹을수록 시간이 더 빨리 간다고. 춘향 씨도 곧
느끼게 될 겁니다. 참, 그리고 남친 씨의 현재 직업은 뭐죠?

춘향 : 네, ○○물산에 다녀요. 입사한 지 2년 정도 되었고요.

필자 : 네, 혹시 연소득이 어느 정도 되는지 아세요?

춘향 : 저하고 비슷한 걸로 알고 있어요. 한 3,000만 원 정도?

필자 : 춘향 씨는 결혼 후에도 계속 일할 생각이라고 했죠?

춘향 : 네, 당분간은 그럴 테지만 아이를 키우면서는 어려울 것
　　　같아요.

필자 : 그렇다면 춘향 씨는 앞으로 5, 6년 정도 더 직장생활을 하
　　　게 되겠네요.

춘향 : 네, 그럴 것 같아요.

필자 : 그럼 남친 씨는 현 직장에 언제까지 다니실 것 같아요?

춘향 : 욕심이야 능력을 인정받아 사장은 못 되도 임원까진 했으
　　　면 좋겠는데, 쉽지 않겠죠. 그냥 정년인 55세까지 무사히
　　　다녔으면 좋겠어요.

필자 : 55세 정년이면… 그후엔 아무 일도 안 하실 건가요?

춘향 : 남친 씨가 55세면 첫아이가 대학 들어가고 한창 돈이 많
　　　이 들어갈 때인데, 마냥 놀고만 있을 순 없겠죠. 걱정이네
　　　요. 뭔가 다른 일을 찾아봐야겠죠?

필자 : 네, 그럴 겁니다. 지금도 보통 50대 초반에 첫 직장에서 퇴
　　　직하고 대략 10년 정도 다른 일을 하곤 하거든요. 현재는
　　　대부분 자영업을 하는 상황인데 사업 실적이 그리 신통치

는 않아요. 지금부터라도 회사생활에 충실하면서 정년 이
후를 대비해 많은 준비를 하라고 하세요. 직장생활 20년
은 금방이거든요. 가능하면 노후에도 써먹을 수 있는 자
격증이나, 틈틈이 다른 사업 쪽도 알아보면서 퇴직 후를
준비해야 합니다. 자, 그러면 저하고 나눈 대화를 바탕으
로 춘향 씨 가족의 평생 수입선을 그려볼게요.

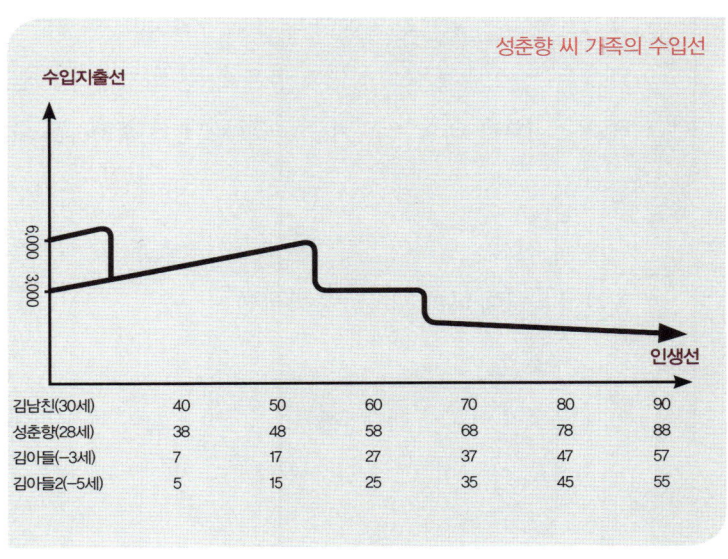

성춘향 씨 가족의 수입선

수입지출선

6,000
3,000

인생선

	40	50	60	70	80	90
김남친(30세)	40	50	60	70	80	90
성춘향(28세)	38	48	58	68	78	88
김아들(-3세)	7	17	27	37	47	57
김아들2(-5세)	5	15	25	35	45	55

필자 : 춘향 씨 가정의 수입선을 살펴보면 남친 씨가 50대 중반
까지 현 직장에서 근무하다 1차 사회적 정년을 맞게 돼요.

현재를 기준으로 1차 사회적 정년 이후 평균적으로 약 10년간 자영업을 하고 있으니, 이를 그대로 반영해보면 남친 씨는 60대 중반쯤 완전히 은퇴를 하게 되겠네요. 그리고 춘향 씨가 앞으로 5년 정도 더 일을 한다고 했으니, 수입선은 위 그림처럼 그려지겠네요.

춘향 : 아, 그렇군요.

필자 : 아까 우리 인생에는 들어오는 돈과 나가는 돈이 있다고 했죠? 지금은 들어오는 돈에 대해 알아봤고요, 이제부터 나가는 돈에 대해 살펴보도록 할게요. 현재 지출하는 금액은 수입보다 매우 적을 거예요. 대략적으로 우리나라 사람들의 지출이 수입의 70% 정도라고 가정한다면, 빨간선의 시작 시점이 현재의 지출이라고 볼 수 있죠. 이 지출은 시간이 지남에 따라 서서히 증가하겠죠?

춘향 : 네, 그렇겠죠.

필자 : 아마도 첫째 아이가 대학 들어갈 때까지 지출이 계속 늘어날 거예요. 이후 아들2가 결혼할 때까지 지출은 비슷한 규모로 이어질 겁니다. 그런 다음 자녀들을 다 출가시킨 후 지출은 뚝 떨어졌다가 60대 중반이 넘어 또다시 증가하게 될 거예요. 왜 그런지 아세요?

춘향 : 글쎄요, 왜 그렇죠?

필자 : 노후의료비 때문입니다. 춘향 씨, 우리나라 사람들이 잘 걸리는 치명적인 병이 뭐가 있을까요?

춘향 : 암 아닌가요?

필자 : 네, 맞습니다. 그런데 암은 몇 세 정도에 가장 많이 발병할까요?

춘향 : 나이 들수록 걸릴 확률이 높아진다고 들었어요.

필자 : 네 맞습니다. 암뿐만 아니라 다른 치명적인 질병도 나이가 들수록 발병할 확률이 높아집니다. 대부분 노후가 시작되는 65세 이후부터 암 발병률이 급증한다고 합니다. 그러므로 65세 이후 각종 치명적인 질병에 대한 치료비 등으로 비용이 급증하게 되는 것이지요.

필자 : 보시듯이 이 그림이 앞으로 춘향 씨가 결혼을 하고 가정을 꾸릴 경우 예상되는 인생의 모습이에요. 이 그래프에서 지금부터 결혼을 하고 아들이 대학에 들어가는 25년 정도는 저축이 가능한 기간이 될 거예요. 하지만 아들2가 결혼을 하는 때까지 10여 년간은 수입보다 지출이 커질 가능성이 많아요. 이 기간을 지출 극대화 기간이라 볼 수 있고요. 두 자녀를 모두 결혼시킨 후부터는 두 분만의 노후 생활 기간이 시작될 겁니다. 느낌이 어때요?

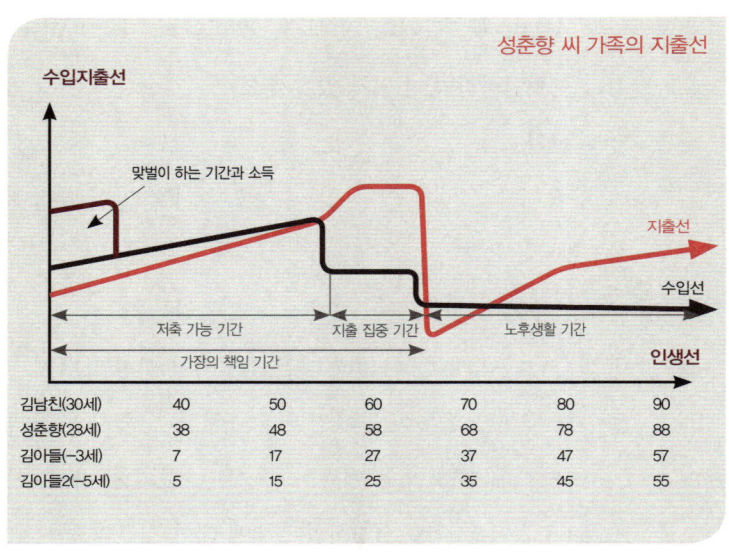

성춘향 씨 가족의 지출선

수입지출선

맞벌이 하는 기간과 소득

지출선

수입선

저축 가능 기간　　　　지출 집중 기간　　　노후생활 기간

인생선

가장의 책임 기간

김남친(30세)	40	50	60	70	80	90
성춘향(28세)	38	48	58	68	78	88
김아들(-3세)	7	17	27	37	47	57
김아들2(-5세)	5	15	25	35	45	55

춘향 : 네… 길다고 느껴지던 인생이 이렇게 간단히 그려질 수 있
　　　다는 게 놀랍네요. 그리고 왠지 인생을 살아간다는 게 쉽
　　　지 않은 것 같아요.

필자 : 네, 맞습니다. 그래서 우리는 인생을 보다 더 철저히 준비
　　　하고 계획하며 살아가야 하는 겁니다. 하지만 너무 큰 부
　　　담을 갖지는 마세요. 대부분의 사람들이 이러한 라이프사
　　　이클을 그리며 살아가고 있으니까요.

재무설계에 너무 늦은 때란 없다

다음은 나이가 좀 많은 분들을 위한 라이프사이클을 그려보자. 위에서 언급했듯이, 라이프사이클은 가장의 수입과 가족 구성원 전체의 지출 시점을 비교하면서 한 가족 내에서 자금이 어떻게 흘러가는지 시각적으로 보여주는 툴이다. 앞에서 우리는 특히 자녀의 교육자금과 결혼자금이 인생의 지출에서 큰 몫을 차지한다는 사실을 살펴보았다. 그러면 자녀가 어느 정도 성장하여, 교육자금에 대한 소나기 구간을 지나왔을 때는 어떤 그림이 나오게 될까? 지금부터 이 경우의 라이프사이클을 그려보기로 하자.

가족사항 : 나건강(53세), 김진정(배우자, 50세),

　　　　　　나성실(아들, 24세), 나이쁨(딸, 22세)

직장사항 : 현재 금속 가공 자영업

경제상황

 - 수입 : 연소득 6,000만 원

 - 지출 : 월 생활비 400만 원

월 교육자금(등록금/학원비) 200만 원

월 저축 없음

총액 연 7,200만 원

　

나건강 씨는 현재 마이너스 인생을 살고 있다. 월평균수입이 500만 원 정도인데, 월평균지출은 생활비와 교육비 포함해서 600만 원이 넘어간다. 즉 매월 100만 원 정도 마이너스가 나고 있는 것이다.

어떻게 살아가고 있는 것일까? 나름의 방법이 있다. 학자금 대출을 받아 마이너스 부분을 메워가고 있다. 물론 저축할 여력은 전혀 없다. 매월 벌어서 생활비 쓰고 아이들 용돈과 등록금 일부를 마련하고 있는 것이다. 지금 현재로서는 어렵고 힘든 상황이지만 고생의 터널의 끝이 보이기 시작한다.

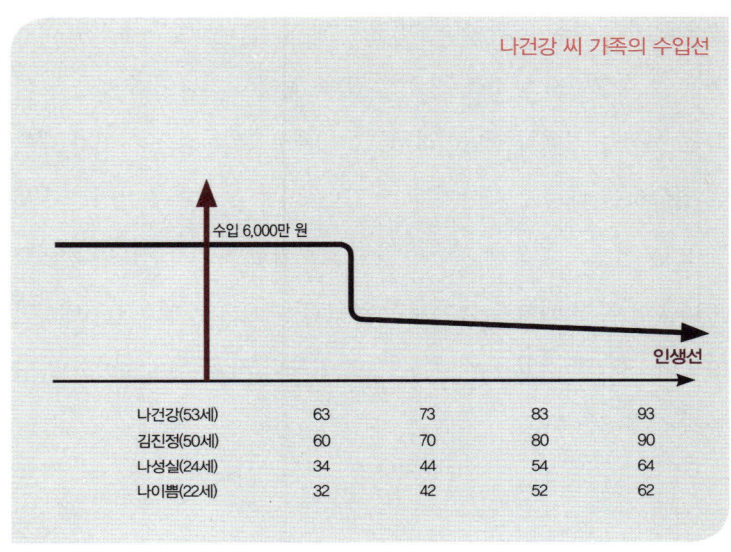

나건강 씨 가족의 수입선

수입 6,000만 원

인생선

나건강(53세)	63	73	83	93
김진정(50세)	60	70	80	90
나성실(24세)	34	44	54	64
나이쁨(22세)	32	42	52	62

　　나건강 씨는 10여 년 전부터 지금의 사업을 계속 해오고 있다. 경제 상황에 따라 약간의 차이는 있었으나 대략 매년 6,000만 원 정도의 소득을 유지해왔다. 나건강 씨는 앞으로도 10여 년 더 사업을 지속할 계획이며, 시장에 특별한 변화가 없는 한 대부분의 자영업자들의 소득이 일정하게 유지된다는 전제 하에, 향후 10여 년 동안의 예상 소득을 6,000만 원 정도로 잡아본다. 그러면 나건강 씨의 예상 수입선은 위 그림과 같이 그려질 것이다.

　　지출선은 어떻게 그려질까? 앞서 언급했듯, 지출선의 출발은 현재의 지출 규모를 파악하는 것이다. 현재 연평균 지출은 7,200만 원으로 수입선을 초과한다. 이 경우 과거 어느 시점부터 수입이 지출을 초과했는지 살펴볼 필요가 있다. 앞에서 지출이 수입을 초과하는 시점을 경제적 정년이라 했고, 대체로 그 시점은 첫째가 대학에 입학하는 때라고 이야기한 바 있다. 이를 그래프에 반영하기 위해 10년 전으로 이동해 지출선을 그려보기로 하자. 즉 10년 전이면 자녀들이 아직 대학에 들어가지 않았을 때이므로 연수입 6,000만 원보다 지출이 적었을 것이다. 그 시점부터 지출선을 그려보면 다음과 같을 것이다.

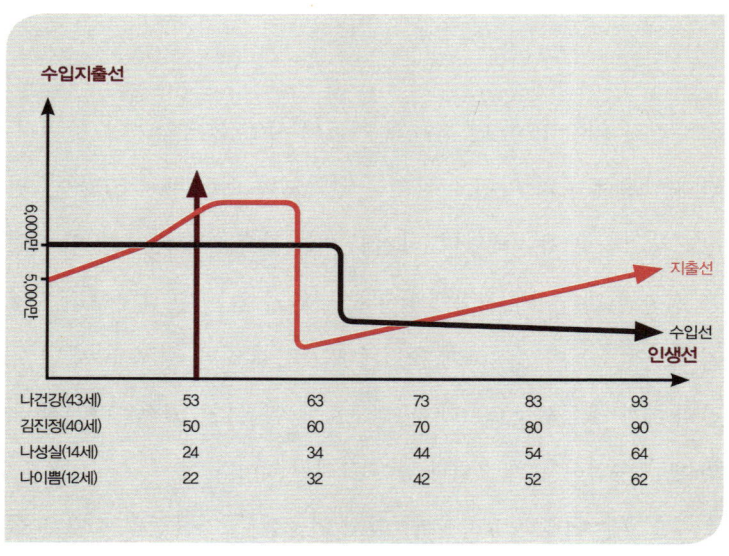

이 그래프에서 현재 상황을 유추해보면 지출이 수입을 초과하는 경우로, 딸 나이쁨이 결혼하는 7~8년 후까지 이런 상황이 지속될 것이다. 결론적으로 말하면, 자녀들이 대학에 입학했거나 사회생활을 하고 있는 경우 라이프사이클은 10년 전으로 그래프의 좌측선을 이동해 그리면 된다. 그 시점에서 첫째가 대학에 들어가는 시점을 경제적 정년으로 설정하여 수입선과 지출선이 만나도록 그린다. 그 이후 둘째 자녀가 결혼하는 시점까지 지출선이 수입선을 계속 초과하고, 그 뒤로는 지출선이 급락하는 모양으로 그렸다가 다시 60대 중반 이후부터 서서히 올라가는 형태로 그리면 된다.

나건강 씨의 라이프사이클을 통해 인생 전문가 입장에서 몇 가지 조언을 하자면 다음과 같다. 우선 현재는 여러 측면에서 가계경제가 어려울 것이다. 하지만 어려운 시기도 이제 몇 년 남지 않았기에 무엇보다 희망과 자신감을 갖고 지속적으로 인생을 대비해야 한다는 마음가짐이 꼭 필요하다. 좀 더 현실적으로 이야기하자면, 나건강 씨는 자영업을 하는 사람이므로 본인의 선택에 따라 일을 좀 더 오래할 수 있다는 강점이 있다. 근로소득자라면 일을 하고 안 하고의 문제를 자신의 의지대로 결정하기가 쉽지 않을 것이다. 나건강 씨가 건강관리와 사업 운영을 잘해서 60대 중반이 아니라 70대 중반까지도 일을 할 수 있다면 지금 부족한 노후준비를 크게 염려하지 않아도 될 것이다.

뿐만 아니라 재테크를 한다거나 보험을 준비한다면 좀 더 든든한 노후를 맞이할 수 있을 것이다. 보장성보험의 경우 지금 준비가 부족하다면 가장의 책임 기간인 앞으로 10년 정도를 집중 보장받을 수 있는 정기보험과 노후의 치명적 질병이나 요양을 대비한 보험을 당장 준비해놓아야 노후 부담을 덜 수 있을 것이다.

이렇듯 라이프사이클을 통해 가장이 나이가 좀 많은 경우에도 남은 인생에 대한 준비를 해갈 수 있다. 우리 사회에서는 50대가 넘어가면 은퇴를 이야기하며 마치 인생의 황혼기에 갓 접어드는 시점으로 생각하지만, 평균수명의 증가와 노인에 대한 사회적인 시각이 바뀜에 따라 나머지 40, 50년을 준비하는 시점으로 보는 게 옳을 것이다. 위와 같은 식으로 직접 내 손으로 남은 인생에 대한 아웃라인을 그려간다면 희망과 즐거움으로 가득한 인생설계가 가능할 것이다.

_____

소득이 아무리 많아도 계획은 필요하다

소위 '슈퍼 리치'로 불리는 소득 상위 1% 이내 계층은 말할 나위도 없겠지만, 부유할수록 인생을 살아가는 데 큰 어려움이 없을 것이다. 하지만 인생에 대한 준비 없이 살다 보면 방탕해지기 쉽고, 그로 인해 힘든 길에 접어들 수도 있다. 뿐만 아니라 언제까지고 지금처럼 고소득을 유지하리라는 보장도 없으며, 자녀들에 대한 무계획적인 교육비나 과소비 등으로 인해 자산이 급감할 수 있기 때문에, 제아무리 대단한 고소득자라 해도 미래를 대비해 라이프사이클을 그려볼 필요가 있다.

얼마 전 한 TV 프로그램에서, 1980년대 인기 탤런트였던 ○씨가 출연해 자신의 인생을 고백해 화제가 되었다. 그는 20년 전 부모로부터 상당한 유산을 물려받았다고 한다. 현재 시가로 치면 무려 600억 원에 가까운 돈이다. 당시 그의 부친은 국내 100대 기업에 들 정도로 큰 규모의 회사를 운영하고 있었다. 그는 250평 부지의 대저택에서 살았으며 집에는 가정교사와 운전기사, 도우미가 있을 정도로 호화스러운 생활을 누렸다고 한다. 부모로부터 물려받은 재산을 가지고 미국으로 건너간 후, 낯선 땅에서 사업가로 활동을 시작했다. 미국에 정착한 이후로도 그의 사치스러운 생활은 바뀌지 않았다. 매일 밤 대저택에서 파티를 열고, 최고급 리무진을 몰고 다니는 등 초호화 생활을 했다. 향락에 빠져 대책 없는 삶을 살던 그는 한순간에 모든 것을 잃어버렸다. 카지노 도박과 사업 실패로 2년 6개월 만에 어마어마한 돈을 모두 탕진한 것이다.

빈털터리가 된 그는 다시 한국으로 돌아왔지만, 가족들은 모두 그를 외면했다. 그는 결국 혼자 여관과 찜질방을 전전하며 밑바닥

생활을 할 수밖에 없었다. 그는 현재까지 마땅한 직업 없이 어려운 생활을 이어가고 있다. 요즘은 지인이 운영하는 라이브카페에서 노래하는 것으로 생활비를 충당하며 연기자로서 재기할 날을 준비하고 있다고 한다. 미래에 대한 아무런 고민이나 준비 없이 순간의 쾌락에 몰두하며 살던 그는 결국 실패한 인생임을 인정할 수밖에 없었다. 재미있게 듣긴 했지만 한편으로는 마음 아픈 개인사이기도 하다. 아무쪼록 지금이라도 늦지 않았으니 ○씨가 다시금 나머지 인생에서 환희를 찾기를 팬의 입장에서 응원을 보낸다.

○씨의 경우 극단적이기는 하나, 현재 가지고 있는 자산이나 소득 규모를 맹신해 사치스럽고 방탕한 생활을 일삼는다면 순식간에 나락으로 떨어질 수도 있음을 잘 보여주는 사례다. 이렇듯 고소득자라 할지라도 좀 더 안정적인 미래를 위해서는 자신의 인생을 드나드는 돈의 흐름을 자주 점검해보고, 이를 통해 돈이 많이 필요한 시점을 미리 알아둘 필요가 있다. 물론 라이프사이클상 전 기간에 걸쳐 지출이 수입을 초과하는 일은 없다. 하지만 제아무리 자산이 많아도 지출 집중 기간에는 지출 규모가 부담스러울 수 있으므로 이에 대한 대비를 충분히 해놓을 필요가 있겠다. 다음 그림의 라이프사이클상에 ①과 ② 시점은 15년 내 닥칠 수 있는 부담스러운 시점이고, 노후가 시작되는 ③은 현재로서는 변수가 많은 기간이기에 착실하게 준비할 필요가 있다.

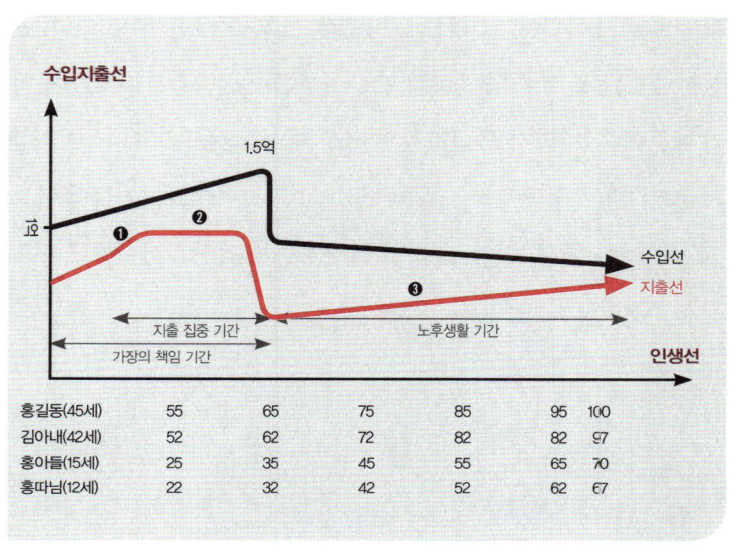

홍길동(45세)	55	65	75	85	95	100
김아내(42세)	52	62	72	82	82	97
홍아들(15세)	25	35	45	55	65	70
홍따님(12세)	22	32	42	52	62	67

나 홀로 인생을 계획하고 있다면

지금까지는 주로 가정을 꾸린 경우에 대해 살펴보았다. 하지만 독신을 계획하거나 독신으로 살아가는 사람들도 꽤 많이 있다. 그 비중도 점점 더 늘어가는 추세라고 한다. 다양한 삶의 스타일을 추구하는 현대인답게 결혼과 가족이라는 속박에서 벗어나 자신만의 개성을 추구하는 사람들이 많아지고 있다는 의미로 읽힌다. 하지만 혼자만의 홀가분한 인생이라는 생각으로 자금관리를 소홀히

하다가는 그야말로 더 외롭고 궁핍한 노후를 맞을 수도 있다. 정신적으로는 물론 특히 경제적으로 기댈 수 있는 곳이 거의 전무하기 때문이다. 따라서 독신자들의 경우 다른 사람들보다 더 철저한 자금계획과 노후대책을 세워둘 필요가 있다. 라이프사이클이 바로 그 시작점이 될 수 있다. 그러면 독신자들의 라이프사이클은 어떻게 그려질까?

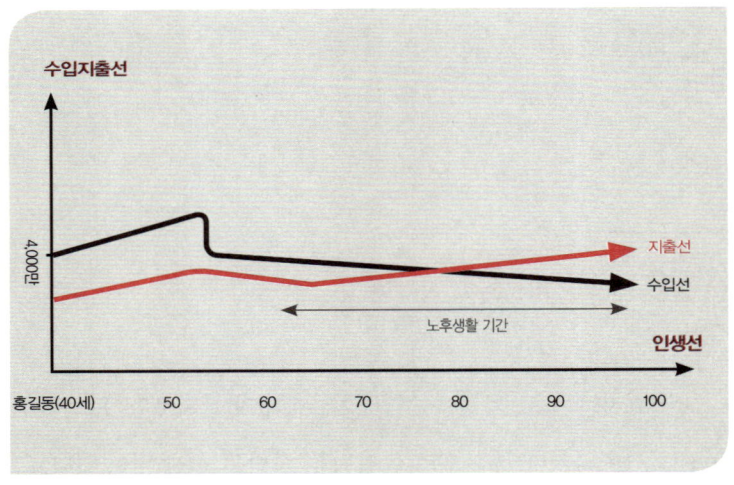

우선 직장인 홍길동 씨 경우를 예로 들어본다면 위 그림처럼 그려갈 수 있겠다. 수입선은 일반적인 형태를 띨 것이며, 지출선의 경우 큰 변동 없이 그려질 것이다. 앞에서 살펴보았듯 일반 가정의 지

출선은 자녀교육비, 결혼자금 등으로 인해 크게 솟구치는 부분이 생긴다. 하지만 자녀가 없는 독신일 경우 사실 큰돈 나갈 일이 별로 없다. 소득의 증가에 따른 세금 증가 정도만 고려의 대상이라 볼 수 있고, 지출선을 높이는 다른 요인은 거의 없다고 봐도 무방하다. 다만 노후 기간에 노후생활비와 의료비 지출이 증가한다는 점은 반드시 고려해야 할 부분이다.

앞서 언급한 경우 외에도 여러 다양한 라이프사이클이 존재한다. 소득이 극히 높거나 낮은 경우, 결혼은 했으나 자녀를 갖지 않는 부부 등 조금 특수한 경우도 라이프사이클을 통해 언제 얼마만큼의 자금이 필요한지 스스로 가늠해보고 준비해나갈 수 있으며, 인생이 어떻게 펼쳐질지 시각적으로 확인해볼 수 있다. 결국 자신의 라이프사이클을 직접 그려보는 작업은 꼭 돈의 관점에서만이 아니라 인생 전반적인 측면에서 삶의 목표와 의미를 되새기는 계기가 될 수 있다. 따라서 내 인생의 나침반 또는 좌표로서 라이프사이클을 그려보는 것도 의미 있을 것이다.

Life
Cycle

4장

만일의 경우를
예상한 인생 주기

우리 인생에서 '만일'이라는 가정을 해보면 다양한 상황을 예측할 수 있을 것이다. '만일 로또에 당첨된다면', '내가 하던 사업이 대박을 친다면' 등등의 일은 상상만 해도 즐거울 것이다. 그러나 우리 인생에는 이런 즐거운 '만일'만 있는 게 아니라, 두려운 '만일'도 곳곳에 도사리고 있다. '잘 다니던 직장에서 하루아침에 잘린다면', '보유 중인 주식이 휴지조각이 된다면', 그리고 무엇보다 두려운 '갑작스런 사고로 혹시 죽음에 이르거나 몹시 위독한 질병에 걸린다면' 등의 만일도 존재한다. 이런 상황은 상상도 하기 싫겠지만 무작정 외면하고 회피할 일만은 아니다.

가정의 재무관리 측면에서는 아마도 가장의 경제활동 중단이

제일 큰 곤란으로 작용할 것이다. 그러면 현실적인 측면에서 우리가 원치 않는 '만일의 경우'에 대비할 수 있는 방법이 있다면 무엇일까? 보험을 비롯한 다양한 금융상품을 준비하는 것도 방법일 수 있겠고, 유망한 주식을 장기간 보유해 차액과 원금으로 대비할 수도 있을 것이다. 또한 지가 상승이 예견되는 부동산이나 최근 각광받고 있는 오피스텔 등 임대수익을 노릴 수 있는 부동산에 투자해 만일의 경우를 대비할 수도 있을 것이다. 이러한 다양한 방법은 나름대로 특색이 있어 어느 하나가 최고라고 말하기 어렵다. 중요한 것은 어떤 방법을 택하든 그 전에 인생 전체를 조망할 필요가 있다는 점이다. 여기에서도 라이프사이클은 큰 역할을 할 수 있다.

이번 장에서는 앞에서 살펴본 홍길동 씨 가족의 사례를 들어 만일의 경우를 상정한 라이프사이클을 그려보려고 한다.

가장의 갑작스런 사망

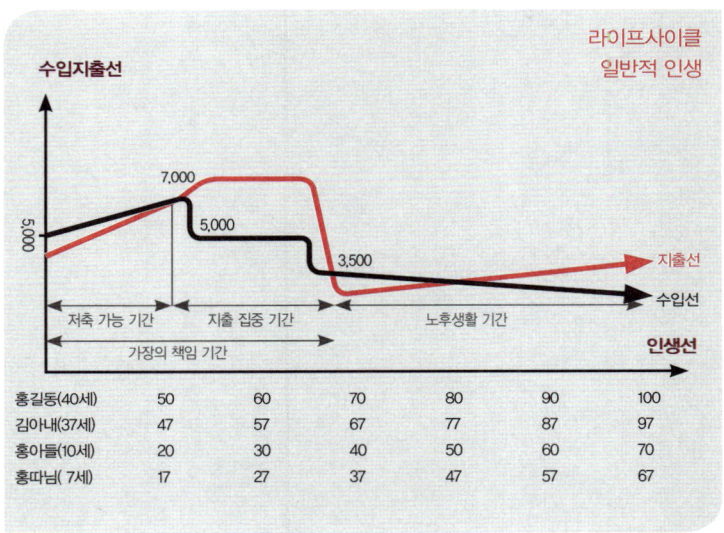

위 라이프사이클은 홍길동 씨 가족의 일반적인 인생을 보여준다. 그러나 홍길동 씨 가정에 '만일의 경우'가 발생한다면, 라이프사이클의 모습은 크게 달라진다. 어느 날 가장인 홍길동 씨가 갑작스런 사고로 사망한다면, 홍길동 씨 인생 전체에서 여상했던 수입선은 사라지고 말 것이다. 물론 홍길동 씨를 대신해 부인인 김아내 씨가 무슨 일이든 찾아나설 테지만, 어쨌든 사고 시점부터 한동

안 홍씨네 가족의 소득은 급감하게 될 것이다. 그런데 김아내 씨가 무슨 일을 하든 홍길동 씨의 소득만큼 벌 수 있을까? 우리나라 여성들의 평균소득을 감안해볼 때 홍길동 씨 소득의 절반 이하로 수입이 급감할 확률이 크다.

■ 한국 여성들, 남성 소득 절반도 못 번다

(한겨레 2012.12.23)

지난해 우리나라 여성의 소득은 남성의 절반 수준에 그친 것으로 조사됐다. 또 여성 취업자의 70%가 지난 한 해 동안 2,000만 원도 벌지 못한 것으로 나타났다.

23일 통계청과 한국은행, 금융감독원이 공동조사한 '2012년 가계금융·복지조사' 결과를 보면, '평소취업자 기준'으로 지난해 남성 개인 소득은 3,638만 원으로 조사됐다. 여성의 개인 소득은 남성 소득의 절반도 되지 않는 수준(45.9%)인 1,669만 원에 그쳤다. 여기서 '평소취업자'란 1년간 취업개월과 구직개월의 합이 6개월 이상인 사람 가운데 취업개월이 구직개월보다 긴 사람을 말한다.

소득 가운데 근로소득(임금소득)이 대부분인 여성 상용근로자의 소득은 2,334만 원으로 남성 상용근로자 소득 4,120만 원의 56.7%였다. 전체 여성 평균에 견주면 나은 편이지만 경제협력개발기구(OECD)가 이달 초 발표한 회원국 남녀 임금 격차 평균(2009년 기준)인 15.8%와 견주면 3배 이상 높은 수준이다. 이 통계를 보면, 우리나라 남녀 임금의 차이는 39.8%로 경제협력개발기구 회원국 가운데 가장 높았다. 비정규직 여성 소득은 특히 낮아 임시·일용직 여성의 평균 소득은 975만 원으로 전체 여성 근로자 소득의 58.4%에 머물렀다.

직업별로 남녀 소득 격차는 더욱 뚜렷했다. 농림·어업 숙련직 여성 근로자의 평균소득은 215만 원으로 2,330만 원인 같은 직업의 남성 근로자의 10분의 1 수준도 되지 않았다. 또 비정규직이 많은 단순노무 종사자나 서비스 판매직 여성 근로자의 소득도 각각 934만 원, 1,555만 원에 불과했다. 이에 따라 여성들의 69.9%가 지난 한 해 동안 2,000만 원 미만을 벌었으며 5,000만 원 이상 소득을 거둔 여성의 비율은 5.0%에 그쳤다. 소득 2,000만 원 미만의 남성 근로자는 28.3%였으며 5,000만 원 이상 남성 소득자는 22.7%였다. 여성의 빈곤율도 18.3%로 남성의 빈곤율 14.6%보다 높았다.

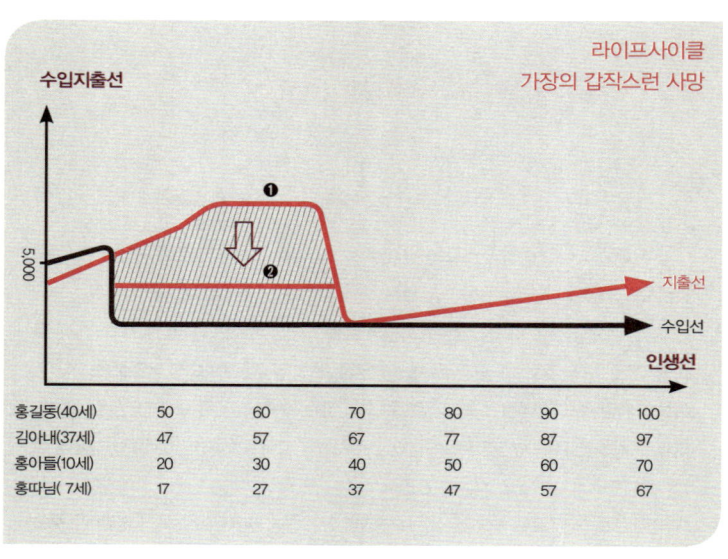

홍길동(40세)	50	60	70	80	90	100
김아내(37세)	47	57	67	77	87	97
홍아들(10세)	20	30	40	50	60	70
홍따님(7세)	17	27	37	47	57	67

이렇게 된다면 위 그래프에서 빗금 친 부분만큼 경제적 고통이 생기게 된다. 빗금의 의미는, 위쪽의 빨간선 만큼의 지출 항목이 있는데 소득이 급감하여 빗금 영역만큼 부족한 비용이 발생한다는 말이다. 이를 다른 표현으로 한다면 가족들이 겪어가야 할 경제적 고통의 크기이고, 현실적으로 말하면 가장 사망 후 발생할 부채의 규모다. 아마 이런 경우 평소 생각하던 삶의 수준을 하향 조정해야 할 것이다. 즉, 지향하는 삶의 수준을 라이프사이클상 ①에서 ② 수준으로 내려야 한다. 이렇게 삶의 수준을 하향 조정해야 한다는 의미는, 아이들에게 가야 할 교육의 기회가 줄어든다는 의미

고, 남들만큼 결혼준비를 못 해준다는 것이며, 전반적으로 삶이 찌들고 힘들어진다는 의미다. 게다가 자녀교육의 기회가 줄어든다는 말은 자칫 가장의 부재로 인한 고단한 삶이 대물림될 수도 있다는 의미다.

가장이 느닷없이 가족 곁을 떠날 경우 남겨진 가족들은 두 가지 고통을 겪는다고 한다. 첫째는 정신적 고통이고 두 번째는 경제적 고통이다. 인간은 망각의 동물이라서 야속하게도 정신적 고통은 서서히 잊힌다. 그러나 경제적 고통은 극적인 돌파구를 만나 어떻게든 해결되지 않는 한 끝까지 인생의 걸림돌로 남게 된다.

그렇다면 위와 같은 경우 가족들은 어느 정도의 경제적 고통을 겪게 될까? 자녀들의 교육비만 보더라도 대학교 기준으로 인당 1억은 족히 들 것이다. 두 명이면 2억이다. 결혼자금도 아들 딸 합쳐 평균 1억 정도로 가정하면 역시 2억 정도 예상된다. 그리고 가족들의 생활비로 월평균 200만 원 정도 소요된다면 자녀들이 독립하기 전까지 대략 4억 8,000만 원, 자녀 독립 후 부인의 노후생활비 월평균 150만 원으로 30년 정도라면 5억 4,000만 원이 나온다. 다 합치면 14억 2,000만 원이다. 어마어마한 돈이다. 물론 가장의 사고 발생 시점이 다르기 때문에 14억 2,000만 원이라고 정확히 단정 지을 수는 없다. 하지만 사고 발생 시점을 현가로 따져 물가상승률로 그 금액을 잠정해본다면 대략 7억은 된다. 즉 현재 7억 정도 갖고 있다면 나머지 가족들이 그럭저럭 살 수는 있다는 의미고, 이는 홍길동 씨가 평생 벌 수 있는 총량의 현재가이기도 하다. 그런데 만일 7억이 준비되어 있지 않다면 어떻게 될까? 아마 부인인 김아내 씨가 일을 해야 할 것이다.

그러면 김아내 씨는 평생 얼마나 벌 수 있을까? 월평균 150만 원 정도 예상하면 60세까지 일한다고 가정할 때 3억 정도 될 것이다. 이를 현가로 계산하면 대략 2억 정도인데 필요자금에서 5억이 부족하다. 부족분은 가족들의 지출을 줄이는 것으로 대신해야 할 것이다. 홀로 남은 부인의 노후도 좀 힘들어 보인다. 바람직한 방법이 있다면 이러한 만일을 대비해 보험을 준비하는 것이다. 1~2억 정도의 보장자산만이라도 있다면 이 가족이 나머지 인생을 살아가는 데 큰 도움이 될 것이다. 그러나 과연 그런 준비가 되어 있는 가정이 얼마나 될까?

현재 우리나라 사람들의 생명보험가입률은 낮은 편이다. 가장 사망 시 평균 사망보험금으로 3,000만 원 정도 받는 것으로 나와 있다. 이 돈으로는 나머지 가족들이 1년 정도 먹고살 수준이다. 가족이 불행해지는 것은 시간문제다. 이렇듯 우리는 만일을 대비한 준비가 아주 취약하다.

가장이 치명적 질병에 걸리는 경우

다음은 가장이 갑작스럽게 사망하는 경우가 아니라, 치명적인 질병에 걸리는 경우를 생각해보도록 하자.

국립암센터 암관리정책연구부 최귀선, 박은철 박사팀은 2001~2003년 국립암센터에 내원한 남성 위암, 간암, 대장암 환자 중 암 진단 당시 직업이 있는 305명을 2년간 추적 조사한 결과, 53%(위암 48.4%, 간암 63.2%, 대장암 46.1%)가 암을 진단받은 이후 직장을 그만둔 것으로 나타났다고 밝혔다. 나머지 43%는 무급 또는 우급 휴가를 내는 등 전체적으로 96% 정도가 정상적인 직업 활동을 할 수 없었던 것으로 드러났다. 특히 직업을 상실한 환자의 87%는 암을 진단받은 이후 3개월 이내에 직장을 그만두었으며, 사무직 근로자보다는 비사무직 근로자가 직업상실률이 2.4배 높았고, 병기별로는 1기 암 환자보다는 4기의 암 환자가 직업상실률이 2.5배 높은 것으로 조사되었다. 연구에 따르면, 직업을 잃은 암 환자 가운데 23%(위암 29.8%, 간암 13.5%, 대장암 31.0%)만이 재취업에 성공한 것으로 조사되었고, 무급 또는 유급 휴가를 냈다가 직장에 복귀한 암 환자들을 포함할 경우 56% 정도만이 직장에 복귀했다. 최귀선 박사는 "암 환자의 직업상실 중 특히 문제가 되는 경우는 40~60대 가장의 소득

상실로서 단순히 암 환자 개인의 문제를 넘어 가계 파탄으로 이어질 수 있는 사회적 문제"라면서 "조기진단과 치료기술의 발달로 암 생존자가 지속적으로 증가하는 시점에서 암 환자의 직업상실을 예방하고, 재취업을 지원하기 위한 제도가 마련되어야 한다"고 강조했다.

위 내용에서도 볼 수 있듯이 치명적 질병 발병 시 가장의 경제적 능력은 사망 시의 그것과 다르지 않다. 오히려 지출의 측면에서 볼 때, 가장의 갑작스런 사망은 가족들의 정신적인 충격이 대단히 크겠지만 경제적인 고통은 소득원의 상실 정도로 끝날 것이다. 그러나 치명적 질병이 발생하면 정신적 고통은 좀 덜 하겠지만 경제적 고통은 어마어마해진다. 가장의 소득이 끊기고, 입원비, 수술비, 통원비 등으로 경제적인 고통은 엄청나게 크게 늘어날 것이다. 그리고 그 경제적 고통의 끝은 누구도 알 수 없다. 최근의 의료 수준을 감안한다면 치명적 질병에 대한 완치율도 상당히 높은 편이다. 조금이라도 완치 가망이 있는 질병이라면 가족들은 가장을 위해 그 어떤 경제적인 어려움이라도 감수하며 고통을 택할 것이다. 그러나 긴 병에 효자 없듯이, 세월이 지나며 가족들이 겪는 고통은 현실의 화살이 되어 생활 곳곳에 파고들 것이다. 그러다가 경제적인 이유로 더 이상 병마와의 싸움을 계속할 수 없는 상황에 몰리면, 가장도 잃고 나머지 가족들의 인생도 곤경에 처하는 시점에 도달

할 것이다.

가장이 건강을 회복하고 몇 년 후부터 열심히 일해준다면 천만 다행이겠지만, 그렇지 못할 경우는 가장이 갑작스럽게 세상을 떠나는 경우보다 더 힘든 인생을 살게 될 수도 있다.

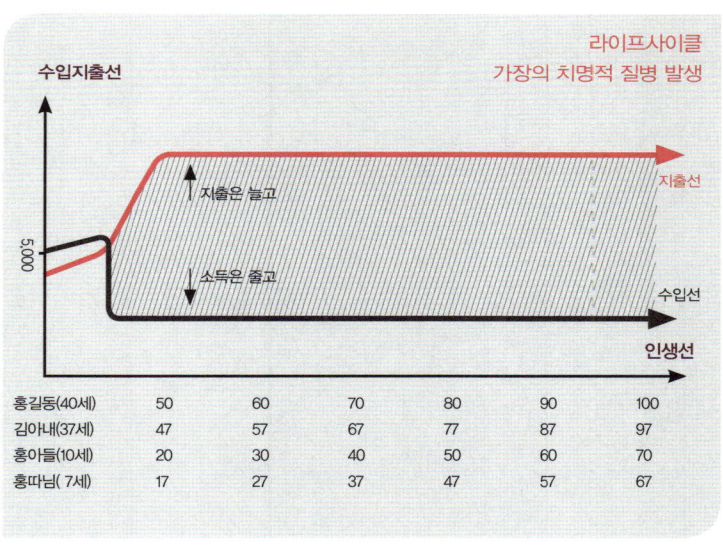

	50	60	70	80	90	100
홍길동(40세)	50	60	70	80	90	100
김아내(37세)	47	57	67	77	87	97
홍아들(10세)	20	30	40	50	60	70
홍따님(7세)	17	27	37	47	57	67

또한 이러한 치명적 질병은 가장에게만 발병할 수 있는 게 아니다. 부인이나 자녀들도 치명적 질병에서 예외일 수는 없다. 이럴 경우 가장만큼의 경제적 손실은 없겠지만, 각종 치료비로 인한 경제적 어려움이 가족들의 생계를 좌우하는 일은 없어야 할 것이다. 이

런 부분 역시 우리가 인생을 살아가며 반드시 준비해두어야 할 항목이다.

준비 없이 노후를 맞게 된다면

세 번째 만일의 경우는 노후에 관한 것이다. 최근 각종 언론에서도 많이 보도되고 있듯이, 우리나라 사람들의 은퇴준비는 낙제점이라고 한다.

그 가장 큰 원인은 장·중년기, 즉 저축 가능 기간에 합리적인 노후준비보다는 무리한 자녀 교육자금 및 결혼자금으로 경제력을 소진하기 때문이다. 그러나 더욱 큰 문제는 이런 노후준비의 부족이 현재의 노후 세대에서 끝날 것 같지 않다는 점이다. 일제 강점기와 6·25동란을 거치며 세계 최빈국에서 반세기 만에 선진국으로 우뚝 선 우리의 모습은 자랑스럽지만, 빠른 산업화의 진행과 그에 따른 여러 가지 부작용을 감안할 때 그 후유증은 꽤 오래갈 전망이다. 미국이나 유럽 등 여러 선진국의 경우를 본다면 국가의 경제력이 개인들에게 골고루 돌아가기까지 많은 시간이 걸렸다. 노후에 대한 준비에 국가도 어느 정도 책임은 있겠지만 가장 현명하며 확실한 노후준비는 스스로 해나가는 방법일 것이다.

현재 노후를 준비할 수 있는 연금은 크게 네 가지 방법으로 마련할 수 있다. 첫 번째는 전 국민이 의무적으로 가입하는 국민연금이다. 국민연금의 취지는 납입한 보험료 이상의 연금 수령을 목표로 가입자 모두가 최저 생계비 이상을 보장받는 것이다.

2012년 말 기준 국민연금 가입자 수는 2,030만 명이고 국민연금 수급자 수는 2012년 346만 명 정도이다. 이후 지속적으로 증가하다 2050년 1,594만 명으로 정점을 찍은 뒤 2070년에는 1,405만 명으로 하락할 것으로 추정되고 있다. 국민연금의 특징은 실질가치를 보존한다는 점인데, 연금 최초 수령 시점에서 매년 물가상승률을 반영한다는 점이 장기간의 노후를 실질적으로 보장할 수 있다는 장점이 있다. 반면 국민연금은 국민의 최저 생계 이상의 삶을 보장한다는 의미가 강하기 때문에 풍요롭고 넉넉한 노후를 준비한다면 부족할 수 있다. 현재 필자의 경우 21년째 국민연금을 납입하고 있고 앞으로 60세까지 현 수준으로 납입한다면 64세부터 현재 기준으로 120만 원 정도를 받을 수 있다.

그러나 120만 원이면 부부 두 명이 산다고 해도 넉넉한 돈은 안 될 것 같다. 그래서 두 번째로 준비하는 것이 기업에서 주는 퇴직연금이다. 퇴직연금은 기존의 퇴직금이 바뀐 제도로 과거에는 기업에서 퇴직금을 운영하다 보니 여러 문제점이 많이 발생되었는데, 이런 점을 보완하고 노후준비에 대한 의무감을 강하게 부가하기 위해

2005년부터 시행해오고 있다.

　세 번째 수단은 개인 스스로 준비하는 연금이다. 개인연금은 모든 금융기관에서 다양한 형태로 판매하고 있는데, 구체적인 내용에 대해서는 다음 장에서 다루기로 하겠다. 마지막은 이런 세 가지 형태의 노후준비가 되어 있지 않을 경우 대체로 선택하는 방법인데, 현재 갖고 있는 동산, 부동산 자산을 현금화하는 방법이다. 어쩔 수 없이 선택하는 방법이지만 안타깝게도 우리 국민들 대부분이 이런 형태의 노후준비를 하고 있는 것이 현실이다.

　이상과 같은 네 가지 형태의 연금을 통해 우리는 노후를 준비하고 있다. 하지만 위 네 가지 방법으로도 충분히 준비되지 않는 것이 우리의 노후이기에 안타까움을 금할 수 없다. 바람직한 노후준비는 자산을 현금화하지 않고 세 가지 연금만으로 충당하는 것이 최선의 방법일 것이다.

　2011년 한국보건사회연구원이 보건복지부에 제출한 〈베이비붐 세대 실태조사 및 정책 현황 분석〉 보고서를 토대로 삼성생명 은퇴연구소에서 분석한 노후준비도를 보면, 베이비부머의 31.4%가 기대치에 못 미치는 노후생활을 보낼 가능성이 높은 것으로 나타났다.

　이처럼 노후를 준비하는 데 있어 우리는 비용의 부족 현상을 크게 겪고 있다. 한편 노후준비에 있어 경제적인 측면에서 가장 큰 비중을 차지할 것으로 보이는 부분은 바로 노후에 겪게 되는 질병이다. 2010년 건강보험에서 65세 이상 인구의 의료비는 대략 14조 정도로 전체 의료비의 32% 정도를 차지하고 있다. 우리나라 인구 중 65세 이상 인구비율이 11% 정도임을 감안한다면 인구의 11%가 의료비의 32%를 쓰고 있는 셈이다.

그 원인은 크게 두 가지로 볼 수 있는데, 첫 번째는 평균수명의 증가로 65세 이상 인구가 많아졌기 때문이고, 두 번째는 의료기술의 향상으로 고액의 치료비 항목이 증가한 부분과 경제력 향상으로 인한 적극적인 치료가 주 이유다. 앞으로 이러한 측면은 더더욱 강조될 것으로 판단되며 그에 따른 65세 이상의 의료비 지출도 더 많아질 것이라는 것이 전문가들의 견해다.

이렇듯 노후 전반에 걸친 자금 중 노후의료비라는 항목은 먹고, 입고, 쓰는 것보다 더 중요해질 것이 매우 자명하다.

앞서 설명한 세 가지 측면에서 만일의 경우를 고려해보면 홍길동 씨의 경우 아래와 같은 라이프사이클을 얻을 수 있다.

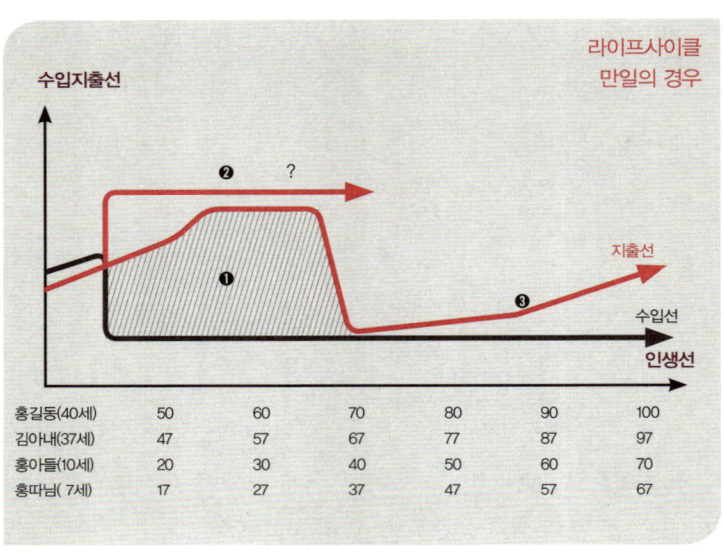

홍길동(40세)	50	60	70	80	90	100
김아내(37세)	47	57	67	77	87	97
홍아들(10세)	20	30	40	50	60	70
홍따님(7세)	17	27	37	47	57	67

　①의 경우는 가장이 갑작스럽게 사망할 경우다. 이때 소득은 아래로 곤두박질치고 그로 인해 가족들이 겪어야 할 경제적 고통의 크기는 증대된다. ②의 경우는 가장의 치명적 질병으로 인해 소득이 줄고 각종 치료비용으로 경제적 부담이 늘며 그 끝을 알 수 없다는 의미다. 실제로 완치되기까지 많은 시간과 비용이 소요되고 있는 것이 현실이기 때문이다. ③의 경우는 준비되지 않은 노후에 대한 부담이다. 앞서 언급한 노후생활비와 각종 의료비 등으로 노후 지출이 크게 증가하는 모양새다.

이상 우리는 다양한 형태의 인생과 만일의 경우의 삶을 예측하기 위한 라이프사이클을 함께 살펴보았다. 이는 어떻게 해야 잘 살 수 있는지보다는 어떻게 준비해야 불행을 피해갈 수 있는지 제시하고자 함이었다. 현재 수십억의 자산을 손에 쥐고 있다면, 행복에 관한 가치관과는 별개로 경제적 측면에서만큼은 앞날이 크게 불안하지는 않을 것이다. 그러나 우리나라 국민 대부분은 수십억을 지닌 재력가들이 아니다. 통계청의 2012년 가계금융·복지조사 결과, 2012년 3월 말 현재 우리나라 가구의 평균자산에서 부채를 차감한 순자산은 2억 6,203만 원으로 나타났다. 총 자산은 3억 1,495만 원, 부채는 5,291만 원으로 조사됐다. 또한 자산의 형태는 거주주택 38.2%, 거주주택 이외 부동산 31.2%, 저축액 17.9%, 전·월세 보증금 7.0%, 자동차 등 기타 실물자산 5.1%로 구성된 것으로 나타났다.

또, 가구의 64.6%가 평균 8,187만 원의 부채를 지고 있으며, 2011년 평균 가구소득은 4,233만 원이고, 평소취업자의 평균 개인소득은 2,826만 원, 2011년 가구당 평균 가계지출은 3,069만 원 정도인 것으로 나타났다. 이 정도 수준의 자산 상황이라면 미래에 대한 준비를 철저히 하지 않을 경우 자칫 한순간에 나락으로 떨어져 불행한 삶을 이어갈지도 모른다. 그런 의미에서 다음 장부터는 인생의 위험요소에 대비할 수 있는 구체적인 방법에 관해 알아보도록 하겠다.

Life
Cycle

5장

연령별
재무설계 포인트

1997년 외환위기 이후 대한민국에 불어닥친 '재테크' 열풍으로 거의 모든 이들이 한 번쯤은 부동산, 주식, 채권, 펀드 등에 관심을 가져본 적이 있을 것이다. 지금까지도 우리나라 국민의 재테크에 대한 관심은 가히 열광적인 수준이다. 많은 사람들이 재테크는 '부자가 되는 길', '행복한 인생을 살 수 있는 방법'이라고 굳게 믿으며, 재테크가 핑크빛 미래를 가져다줄 것이라는 환상을 가지고 있다. 우리 국민이 이렇게 재테크에 열광하는 이유는 우리나라가 직면한 불안정한 경제 상황 때문이라 할 수 있다. 날로 오르는 물가에 가계 살림 꾸리기도 벅찬데, 자녀들 사교육비 지출과 대학 등록금 마련에 허리가 휘고, 겨우 내 집 마련에 성공했나 싶었더니 하우스푸어 신세를 면할 수 없다. 현실이 이렇다 보니 가정을 지키고 안정된 노후를 보낼 수 있으려면 무조건 '돈을 불려야 한다'는 생각을 갖지 않을 수 없다.

물론 여러 금융상품이나 투자를 통해 자산을 불려 부를 축적하는 것도 중요하다. 그러나 불안정한 경제 상황과 더불어 급변하고 있는 사회 현실을 고려한다면, 재테크가 우리를 부자로 만들어줄 것이라는 생각은 막연하고도 어리석은 믿음에 불과하다. 합리적인 방법으로 자산을 운용하기 위해서는 장기적인 관점에서 자신의 인생 전체를 바라보고, 그에 따라 재무 목표와 투자 계획을 세우는 '합리적 재무설계'가 필요하다. 재테크는 장기적 자금 계획을 세우는 것이라기보다는, 매순간 가장 좋은 상품을 선택하는 기술이라고 이해해야 한다. 반면에 재무설계는 개인의 인생 목표를 달성할 수 있도록 자산을 가장 효과적인 방법으로 관리하는 총체적인 과정을 의미한다.

많은 사람들이 재테크의 필요성은 인식하면서 재무설계의 필요성에 대해서는 그리 중요하게 생각하지 않는다. 눈앞에 보이는 나무 몇 그루에 집중하느라 정작 인생의 숲은 보지 못하는 우를 범하는 것이다. 안정적인 삶, 행복한 노후, 성공한 인생을 꿈꾸고 있다면 지금부터 숲 전체를 바라보며 체계적인 생애설계를 시작해야 한다. 단기적인 금융상품 거래나 무계획적인 투자에 머무는 것이 아니라 자산 관리, 리스크 관리, 위험 관리, 은퇴 계획 등 보다 장기적이고 체계적인 재무설계가 필요하다.

성공적인 자산 관리를 위해 재무설계가 필수적이라고 단언할 수 있는 이유는, 과거에 비해 오늘날 개인의 삶에 큰 영향을 끼칠 수 있는 다양한 사회·경제적 변수들이 존재하기 때문이다. 베이비부머들의 조기 퇴직과 실업난이 사회적 문제로 떠올랐고, 고령화가 현실로 다가오면서 은퇴설계의 중요성이 부각되었다. 그와 더불어 저출산 문제로 인해 인구구조가 변화하면서 앞으로의 상황은 더욱 어려워질 것이라는 전망이 나오고 있다. 이러한 변화를 재빨리 인지해 미리 준비하지 않고서는 미래의 경제생활을 전혀 낙관할 수 없을뿐더러, 가계재정에 위기가 닥쳐와도 그저 속수무책으로 당할 수밖에 없다.

재무설계란 개인의 자산과 부채, 소득과 지출 등을 효율적으로 관리해서 개인이 추구하는 재무 목표를 달성하기 위한 계획을 수립하고 그것을 실행하는 과정을 의미한다. 개인의 전 생애에 걸쳐 각 시기마다 부각되는 다양한 재무 관심사를 미리 파악하고, 그와 관련된 재무 목표를 달성하기 위해 필요한 구체적인 자금 계획을 세우는 과정을 통칭하여 재무설계라 한다. 따라서 재무설계를 위해서는 자신의 인생 전반에 대한 구상, 즉 라이프사이클에 대한 이해가 반드시 선행되어야 한다. 각 개인마다 꿈꾸는 삶의 모습과 처한 환경은 다를 수밖에 없으므로, 각자에게 최적화된 재무설계를 위해서는 자신의 현재 위치와 앞으로 꾸려나갈 미래를 객관적으로 파악하는 것이 중요하다.

재무설계는 자산이 많고 소득이 높은 부유층에게만 필요한 것이 아니다. 이제 막 취업에 성공하여 사회생활을 시작한 젊은이, 내 집 마련과 자녀 양육이 우선순위인 직장인, 은퇴 후 창업을 시작하려는 퇴직자 모두에게 재무설계는 반드시 거쳐야 하는 과정이다. 자녀 교육비 마련을 위해, 노후자금을 준비해 은퇴 후 안정적으로 생활하기 위해, 효율적인 자산 운용을 통해 부를 늘리기 위해, 보험을 통해 혹시 모를 위험을 관리하기 위해 등 그 이유는 각기 다를 수 있으나 세대와 계층을 막론하고 재무설계는 꼭 필요하다. 재무설계는 자신의 미래를 계획하고 준비하는 과정 그 자체이기 때문이다. 그런 관점에서 이 장에서는 연령별 재무설계의 중요한 포인트를 짚어보며 장기적 솔루션을 향한 첫 발을 떼어보도록 하겠다.

20대 – 재무설계의 시작, 첫 단추를 잘 끼워야 한다!

　직장생활을 갓 시작한 20대 사회 초년생들에게는 재무설계의 필요성이 피부에 와 닿지 않을 수 있다. 또한 이 시기에는 생활 반경도 달라지고 새로운 사람도 많이 만나며 취미생활도 해야 하기 때문에 저축보다는 주로 소비활동에 월급의 상당 부분을 지출하기 마련이다. 그러나 성공적인 재무 관리를 위해서는 하루라도 빨리 재무설계를 시작하는 것이 좋다. 한번 소비습관이 들면 소비를 줄이기가 뱃살을 빼는 것만큼이나 힘이 들기 때문이다. 잘못된 소비습관이 생기기 전에 저축하는 습관을 먼저 들이는 것이 사회초년생을 위한 재무설계의 핵심 포인트라 할 수 있다.

　재무설계의 시작은 명확한 인생 목표를 세우는 것에서 비롯한다. 20대에는 자신의 재무 목표를 어떻게 설정할 것인지 고민하고 탐색하는 시간이 필요하다. 자신의 직업 및 환경, 추구하는 라이프 스타일을 고려하여 인생의 재무 목표를 수립한 후에 각 연령에 맞는 단기 재무 목표를 세워나가야 한다. 20대의 재무 목표는 주로 취업 후 독립을 위한 자금 마련, 결혼 자금 마련, 전셋집 장만을 위한 자금 마련 등이다.

　이와 같이 20대에는 인생의 중대사를 대비하기 위한 각종 자금 마련이 주된 목표이므로, 재테크를 통해 종잣돈을 모으는 것에서 부터 재무 관리를 시작해나가야 한다. 종잣돈은 저축과 투자의 기본이 되는 자금을 말하는데, 재테크의 기본 원리는 종잣돈을 확보하고 이를 잘 굴려서 목돈을 만드는 것이다. '돈이 돈을 번다'는 말이 있듯이, 얼마나 목돈을 빨리 만드느냐에 따라 재정 성공의 여부가 달라질 수 있다. 뿐만 아니라 종잣돈 모으기라는 목표를 통해 일찍부터 현명하게 소비하고 저축하는 습관을 들일 수 있기 때문에 여러모로 도움이 될 수 있다.

종잣돈 모으기에 활용할 수 있는 금융상품 중 가장 인기가 높은 것이 바로 정기적금과 적립식펀드다. 이 둘은 매월 일정 금액을 불입한다는 점에서는 비슷하지만, 수익률과 위험성의 측면에서 차이가 있다. 정기적금은 원금이 보장되는 반면 확정금리로 수익률이 낮은 편인 데 반해 적립식펀드는 펀드에 따라 높은 수익률을 기대할 수 있지만 원금이 보장되지 않는다는 위험성을 지니고 있다. 개인의 선호에 따라 자신에게 맞는 금융상품을 선택하는 것이 가장 좋지만, 많은 전문가들은 20대에는 수익성 위주의 상품으로 공격적인 포트폴리오를 구성하라고 조언한다. 20대의 최대 무기는 바로 '시간'이기 때문이다. 20대는 수익성 위주의 상품이 가지고 있는 위험성을 장기적인 투자로 상쇄시킬 수 있다는 커다란 장점을 가지고 있다. 투자수익과 위험은 비례하지만, 투자기간과 위험은 반

비례한다. 따라서 20대에는 수익을 높이면서 위험을 줄이는 것이 가능하므로, 수익성 위주의 실적배당형 상품을 활용하여 비교적 빨리 목돈을 만드는 것이 성공의 지름길이라 할 수 있다.

20대에 넘어야 하는 가장 큰 산은 주택구입 자금을 마련하는 것이다. 아직까지는 내 집 마련의 꿈이 멀게만 느껴지는 시기지만, 이 때부터 미리 준비하고 시작해야 늦지 않다. 주택구입 자금은 규모가 커서 단기간에 모으기 어려울 뿐만 아니라, 언제 올지 모르는 기회를 잘 활용하는 것이 매우 중요하기 때문이다. 가장 먼저 스스로가 예상하는 주택구입 자금을 정하고, 이를 모으기 위한 계획을 세워놓는 것이 좋다. 우선 만능청약통장, 주택청약종합저축 등에 가입함으로써 청약자격을 준비해야 한다. 그러고 나서 장기주택마련저축, 적금, 적립식펀드 등의 금융상품 중에서 자신에게 적합한 상품을 활용하여 재테크를 지속해나간다. 내 집 마련의 목표는 이후 30대의 가장 주된 재무 목표로 이어지기 때문에, 장기적인 관점에서 투자와 저축을 이어나가야 한다.

20대는 자기계발에 가장 몰두하는 시기인 데다 사회에 첫 발을 들이는 시기이기 때문에 다양한 지출 유혹이 따르게 된다. 따라서 여행, 자동차 구입, 데이트 비용 등을 위한 크고 작은 지출이 많을 수밖에 없다. 불필요한 낭비와 과소비를 막기 위해서는 월 고정지출을 예상해서 생활비를 지정하고, 정해진 예산 내에서만 지출하도록 관리해야 한다. 급여를 받으면 우선 가장 먼저 저축과 투자자금을 제하고, 생활비는 별도의 통장에 넣어 관리한다. 이때 저축과 투자자금을 제외한 나머지 자금을 모두 생활비로 정하는 것이 아니라, 일부를 남겨 따로 비상금 통장에 넣어서 관리할 수 있도록 한다. 살다보면 이런저런 일이 생기기 마련이기 때문에 예측하지 못한 데서 커다란 지출이 생길 수 있다. 이때 운용 중인 저축과 투자상품의 해지에 따른 손실을 차단하는 데 있어 비상금 통장이 유용하게 쓰일 수 있다.

급여통장이나 생활비통장, 비상금통장으로는 증권사의 CMA 통장이 비교적 활용도가 높다. CMA 통장은 예치된 금액에 이자를 3%대 이상으로 제공할 뿐만 아니라 수시 입출금이 자유롭다는 장점이 있다. 각종 수수료 우대혜택도 있어 불필요하게 새는 돈을 막고, 저축과 투자에 요긴하게 활용할 수 있다.

다른 연령대와 달리 20대의 재무설계에서 간과하기 쉬운 부분이 있는데, 바로 '보험 및 개인연금 가입'이다. 사회초년생에게 노후대비와 질병보장 등은 자신과 상관없는 일처럼 여겨질 수 있다. 그러나 보험이나 연금은 일찍 가입하고 오랜 기간 유지할수록 더 큰 힘을 발휘한다는 사실을 잊지 말아야 한다. 보험은 보장성 위주의 상품으로 소득의 5~10% 이내의 범위에서 가입하면 적당하다. 회사에서 나오는 퇴직금(혹은 퇴직연금)이나 국민연금 이외에도 소액을 할애하여 개인연금이나 연금보험 등에 가입하는 것도 노후대비를 위한 좋은 방법이다. 당장의 지출에 급급해서 보험이나 연금에 가입하는 것이 부담스럽게 느껴질 수도 있지만, 씀씀이를 조금 더 줄이고 미래를 위해 투자한다면 남들보다 한걸음 더 나아갈 수 있다. 예상치 못하게 소나기가 내려도, 미리 우산을 준비한 사람은 아무런 걱정 없이 가던 길을 갈 수 있지만 그렇지 못한 사람은 비가 그치기를 하염없이 기다릴 수밖에 없다. 당장의 불편함이 미래의 편안함과 안락함이 될 수 있다는 사실을 유념해야 한다.

30대 – 자산형성의 핵심기, 적극적으로 투자하라!

앞서 언급했듯이 30대의 가장 큰 목표는 '내 집 마련하기'다. 그런데 주택을 마련하기 위해서는 일정 부분 대출을 받는다 하더라도 최소 1억 5,000만 원 이상의 자금이 필요하다. 1년에 1,500만 원을 모은다 해도 10년이 걸리는 일이므로, 주택 마련을 위해서는 중·장기적인 재무 계획을 수립할 필요가 있다.

우선 저축액을 크게 늘려서 종잣돈을 마련하는 데 힘쓰는 것이 무엇보다 중요하다. 전문가들은 기본적으로 급여의 절반 이상을 저축할 것을 권장한다. 지출을 관리하는 것이 쉽지 않겠지만, 가장 기본적인 재테크는 절약이라는 말을 염두에 두고 최대한 소비를 줄이는 것이 필요하다. '까페라테 효과'라는 말이 있다. 일반 커피전문점의 카페라테 가격은 평균적으로 약 4,000원 정도다. 이 4,000원의 커피를 하루에 한 잔씩 마신다면 한 달 동안 12만 원, 1년 동안 144만 원을 소비하는 셈이다. 만약 이 카페라테 한 잔 값을 매일 절약해 30년간 저축한다면, 얼마가 될까? 원금은 4,000만 원 남짓이지만 5% 복리로 계속 굴린다고 가정했을 때 약 2억 원이라는 큰 돈을 모을 수 있게 된다. 별다른 생각 없이 지출하는 금액도 시간과 복리라는 힘이 더해지면 목돈으로 변할 수 있다는 사실을 잊지 말아야 한다. 사소하게 절약하는 습관, 꾸준히 저축하는 습관은 30년 후 우리의 사는 모습을 바꾸어놓을 수 있다.

그러나 저축만으로 재테크의 목표를 달성하기는 힘들다. 우리는 지금 높은 물가상승률로 인해 은행예금 금리가 실질적으로 마이너스인 시대에 살고 있다. 따라서 예금과 적금 등의 저축상품만으로는 목돈 마련이 어려울 수밖에 없다. 수익률을 높이기 위해서는 어느 정도의 위험을 감수하더라도 투자를 하는 일이 필요하다. 최근에는 안정적인 투자를 원하는 투자자들을 위해 분산투자, 장기투

나의 카페라떼를 찾아라!

생활 속에서 절약할 수 있는 부분을 찾아보자.
티끌모아 태산이라는 말을 실감할 수 있을 것이다.

테이크아웃커피 ₩3,600
아메리카노 기준

한 달에 열 번만 줄이면
₩36,000

이 돈을 저축하면?

10년 후 약 500만 원
20년 후 약 1,600만 원
30년 후 약 3,500만 원

담배 ₩2,700
하루 한 갑 필 때 월 ₩81,000

반갑으로 줄이면
₩40,500

이 돈을 저축하면?

10년 후 약 600만 원
20년 후 약 1,800만 원
30년 후 약 3,900만 원

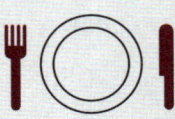

외식 ₩71,000
전국가구대상 월평균 외식비

한 달에 한 번만 줄이면
₩71,000

이 돈을 저축하면?

10년 후 약 1,100만 원
20년 후 약 3,200만 원
30년 후 약 6,900만 원

자, 적립식투자 등 다양한 투자상품들이 출시되고 있다. 수익률을 높이면서도 동시에 각종 리스크를 관리하여 원금손실의 위험을 줄일 수 있는 상품들이 많다. 자신의 재무 목표에 맞는 금융상품이 무엇인지 신중하게 따져보고 꼼꼼하게 비교해서 선택해야 한다.

30대는 위험과 노후에 대해서도 본격적으로 대비해야 하는 시기다. 주택 마련의 목표에만 전념하다 보면 자신의 위험보장이나 노후생활을 간과하기 쉬운데, 이는 자신도 모르게 커다란 우를 범하고 있는 것이다. 30대에는 준비해야 할 것이 많은 중요 시기이기 때문에 위험보장이 제대로 계획되어 있지 않다면 그간의 노력이 모두 물거품이 될 수도 있다는 사실을 명심해야 한다. 질병 및 사고는 그 누구도 예측할 수 없다. 갑작스러운 질병을 얻게 되거나 불의의 사고를 당해 그동안 어렵게 모아둔 자금을 탕진한다면, 그간의 모든 재무 관리가 다시 원점으로 돌아갈 수밖에 없게 된다. 30대는 20대에 비해 지출은 더 많아지지만 투자위험을 감수할 수 있는 능력이 떨어지기 때문에 돈을 모으기가 더더욱 어려워진다. 이러한 상황을 대비하기 위해서는 매달 소득의 10% 정도를 의료실비보험과 건강보험 등에 할애해야 한다. 예상치 못한 위험에 직면해도 크게 흔들리지 않고 탄탄한 재무 관리를 지속하기 위해서는 보장성보험이 반드시 필요하다.

이 시기에는 주택 마련, 새 자동차 구입 등 목돈 지출을 위해 부득이하게 대출을 받는 경우가 생길 수 있다. 부채는 없는 것이 가장 좋지만 필요한 상황이라면 적절하게 도움을 받는 것도 효율적인 재무 관리를 위한 방법이다. 부동산 구입 시 부채를 잘 이용하면 재산 증식에 도움이 될 수도 있다. 그러나 부채에 크게 의존하거나 과도한 부채를 지게 된다면 가계의 재무구조에 큰 악영향을 끼칠 수 있다. 어떠한 경우에도 부채는 연소득의 40%를 넘기지 않는게 좋다. 주택 구입의 경우에는 주택자금의 40%를 넘기지 않도록해야 한다. 무리하게 집을 구입하는 것은 생활의 질을 오히려 떨어뜨리는 결과를 초래하기 때문이다. 사회적으로 큰 문제가 되고 있는 '하우스푸어', '깡통전세'의 이야기들이 자칫하면 남의 일이 아닌경우가 될 수도 있다. 대출을 계획하고 있다면 대출금리, 대출금액, 수수료 및 기간 등 대출조건을 꼼꼼히 따져보고 상환 계획도 함께세운 뒤 신중하게 결정해야 한다.

40대 – 소득이 커지는 만큼 지출도 늘어나는 시기, 소비를 줄여라!

40대는 소득이 가장 크게 늘어나는 동시에 더 많은 지출이 필요한 시기다. 자녀 교육비와 더불어 주택 대출 이자비용, 경조사비 등과 같은 고정비의 지출이 많기 때문이다. 마흔을 '불혹'의 나이라고 해서 더 이상 세상에 흔들릴 것 없는 나이라고 했지만, 요즘은 상황이 다르다. 돈 벌기는 쉽지 않은데 자녀들 사교육비 부담하랴, 주택 확장하랴, 눈덩이처럼 불어나는 지출로 인해 그야말로 재정적으로 마구 흔들리는 시기가 바로 40대다. 따라서 40대 재무설계의 핵심 포인트는 '무조건 소비를 줄이는 것'이다. 40대의 가계지출 내역 중에 일반적으로 가장 큰 비중을 차지하는 것은 자녀 교육비다. 우리나라는 사교육 열풍, 높은 등록금 등으로 인해 소득에 비해 지나치게 많은 교육비 지출을 부담하고 있는 가계가 많다. 만약 자녀 교육비가 소득의 50%를 넘는다면 교육비 규모를 따져본 뒤 최대 30%를 넘지 않는 선으로 조정할 필요가 있다.

소비를 합리적으로 조정했다면 그 다음에는 최대한 저축여력을 키우는 것이 중요하다. 40대는 안정성과 수익성을 놓고 고민하게 되는 시기다. 금융환경에 알맞은 목돈 운용 방법을 잘 선택해서 안정성과 장기적인 투자 수익률을 함께 확보할 수 있는 방법으로 저축해가는 전략이 필요하다. 안정성만 중시하다 보면 수익률이 떨어져 물가 상승률에도 미치지 못할 수 있으므로 주의해야 하지만, 수익률을 위해 안정성을 포기하는 것도 바람직하지 않다. 40대에는 원금의 손실을 감당할 수 있을 만한 시간적 여유가 없기 때문이다. 따라서 소득의 일정 부분은 장기적으로 저축하고, 나머지 부분으로는 채권형 상품과 주식형 상품을 잘 분배한 투자 포트폴리오를 구성하는 것이 가장 합리적이다.

저축과 투자 비율을 어떻게 정해야 할지 고민스러울 경우에는 '100 – 나이'의 법칙을 생각하면 비교적 쉽게 해답을 찾을 수 있다. 숫자 100에서 자신의 나이를 뺀 만큼의 비율은 수익성 위주의 투자자산에, 나머지 비율은 예금이나 채권 등의 안정자산에 가입하는 것이다. '100 – 나이'의 법칙은 '나이가 젊을수록 저축보다 투자 비중을 높이고, 나이가 들수록 투자 비중을 줄여나간다'는 간단한 공식이다. 젊은 나이일수록 앞으로의 생애소득이 더 크기 때문에 위험에 대한 충격이 덜하고, 고령층에 비해 상대적으로 오랫동안 투자할 수 있으므로 손실을 만회할 수 있는 시간이 충분하기 때문이다. '100 – 나이'의 법칙을 통해 자신에게 적합한 투자 비율을 알아보고 목표 수익률을 정한다면, 보다 효과적으로 재무 관리를 실행할 수 있을 것이다.

40대는 건강에 적신호가 하나씩 켜지기 시작하는 시기다. 돈을 모으는 것도 중요하지만 위험을 관리하는 것이 더욱 중요한 때라고 할 수 있다. 나이가 들어감에 따라 여러 가지 질병의 위험이 높아지고, 사회활동이 한창 활발한 시기이기 때문에 각종 사고의 위험에도 많이 노출될 수밖에 없다. 따라서 이 시기에는 보험가입이 선택이 아닌 필수라고 할 수 있다. 보장성보험은 언제 찾아올지 모르는 질병이나 사고에 대비할 수 있는 가장 효과적인 안전판이다. 만약 20, 30대에 보험가입을 하지 못하고 미루어두었다면 지금이라도 당장 자신에게 적합한 보험상품을 선택해 가입해야 한다. 특히 가정의 소득을 책임지고 있는 가장이라면 반드시 위험에 대비해야 한다. 가계의 지출이 가장 많은 시기에 가장의 부양능력이 상실된다면 가족들이 떠안게 되는 부담은 더욱 늘어날 수밖에 없다. 철저하게 위험보장을 해놓지 않으면 나 자신뿐만 아니라 가족 전체의 삶이 망가지는 결과가 초래될 수 있음을 늘 기억해야 한다.

40대는 노후준비를 할 수 있는 마지막 단계다. 따라서 노후에 대한 구체적이고 확실한 계획을 세워야 한다. 이 시기에는 보험 리모델링을 통해 보장자산을 따져보고, 자신이 가입한 연금상품을 점검하여 유지·보완하는 작업이 필요하다. 국민연금과 퇴직연금만으로 노후자금을 충당하기에 어렵다고 판단되는 경우에는 가계

지출을 최대한 줄여 남은 자금으로 개인연금을 늘리는 것이 좋다. 40대는 지나간 시간보다 앞으로 살아가야 하는 시간이 더 길기 때문에, 지금부터 더욱 철저히 계획하고 준비하는 자세가 필요하다.

50, 60대 – 은퇴 후 제2의 인생을 맞이하는 시기, 노후를 대비하라!

보통 50대에는 내 집 마련 등 최소한의 생활기반은 갖추고 있는 경우가 대부분이기 때문에, 가능한 많은 여유자금을 확보해가야 하는 것이 재무설계의 핵심이다. 예상치 못한 건강상의 이유로 목돈이 필요하게 되는 경우가 종종 발생하기 때문이다.

또한 50대는 본격적으로 은퇴설계에 돌입해야 하는 시기다. 은퇴설계를 위해서는 우선 필요한 노후자금을 구체적으로 설정해야 한다. 일반적인 경우 노후자금으로는 현재 지출액의 70% 정도가 적절하다. 예상한 노후자금의 규모를 현재의 재무상태와 비교하여 어느 부분이 얼마나 부족한지 파악하게 되면, 은퇴 전까지의 재무목표를 세우고 추진하는 데 큰 도움이 된다. 50대가 되면 이제 재무설계는 자신의 일이 아니라고 생각하기 쉬운데, 평균수명 100세 시대를 사는 우리에게는 은퇴 후에도 30~40년의 삶이 가능한 것이 현실이다. 따라서 지난 30년의 수고가 헛되지 않기 위해서는 은퇴 후의 삶에 대해서도 철저히 대비하는 자세가 필요하다.

50대는 제2의 인생이 펼쳐지는 전환기라고 할 수 있다. 은퇴로 인해 생활의 큰 변화를 맞게 되며, 자녀 교육비와 결혼자금 등으로 목돈이 한꺼번에 지출되는 시기이기 때문이다. 따라서 이 시기에는 지출의 목적을 명확히 하고, 그동안 모아놓은 자산을 효율적으로 분배하는 것이 무엇보다 중요하다. 통장을 자녀 학자금용, 결혼자금용, 노후대비용 등으로 구분하여 지출이 어느 한 쪽에 쏠리지 않도록 주의해야 한다.

우리나라 50대의 평균 재산은 약 3억 7,000만 원 정도다. 이 중 부동산이 75% 이상의 비중을 차지한다. 이들은 부동산 가격 상승기를 살았기 때문에 부동산에 대한 신뢰도가 매우 높은 편이다. 따라서 노후생활도 부동산 임대소득이나 투자수입에 의존하려는 경우가 많다. 그러나 나이가 들수록 부동산 비중을 늘리는 것은 바람직하지 못한 투자 전략이다. 부동산은 가격변동에 민감하기 때문에 경제상황에 따라 자신의 전체 자산이 크게 요동칠 수 있다. 또한 고령화 사회가 본격화되면 부동산 시장이 부정적인 영향을 받게 될 가능성이 높다. 따라서 투자 포트폴리오에서 부동산 비중을 줄이고 금융자산에 주력하는 것이 좋다. 전체 자산에서 부동산 비중이 60% 이상이라면 40% 이하로 낮추는 자산배분 전략이 필요하다. 노후생활비는 연금 수입으로 해결하는 것이 가장 안정적이고 효율적이므로, 부동산 임대수입에 의존하겠다는 생각은 버려야 한다.

투자 포트폴리오에서 부동산 비중을 줄였다면, 현재 보유 중인 각종 투자자금을 연금용 자산으로 전환해야 한다. 은퇴 후 필요한 노후생활비의 80% 이상을 연금상품으로 충당할 수 있도록 계획하는 것이 가장 바람직하다. 투자용 부동산을 매각하거나, 펀드나 예금 등을 현금화하여 일시납 연금보험 상품에 넣어두는 것도 좋은 방법이다. 은퇴 후에는 자산의 규모보다 현금흐름이 매우 중요하므로, 매월 필요한 만큼의 현금이 지속적으로 유입될 수 있어야 하기 때문이다. 치매, 뇌졸중과 같은 노인성 질환에 걸리거나 고령으로 거동이 불편해지더라도 연금상품에서 고정적으로 나오는 수입으로 생활할 수 있어야 안정적인 노후생활을 영위할 수 있다.

은퇴 시기에는 대체적으로 안정적인 자금의 비율을 높이는 것이 좋지만, 확정금리만 고집하며 보수적인 투자전략만을 추구하는 것도 바람직한 방법은 아니다. 과거처럼 높은 금리로 이자를 얻을 수 있다면 별문제 없겠지만 요즘과 같은 저금리 시대에는 이와 같은 전략으로 안정적인 노후생활을 기대하기 어렵다. 좀 더 효과적인 재무 관리를 위하여 수익추구 상품도 일정 비율은 유지하는 것이 필요하다. 전문가들은 금융자산의 30%는 수익추구형 상품에 투자하라고 조언한다. 수익추구형 상품은 비과세와 복리효과를 보기 위해서 중·장기로 운영하는 것이 바람직하므로 이전부터 보유하고 있던 투자상품이 있다면 일부를 유지하는 것이 좋다.

■ 연령별 재무설계 포인트

20대

라이프사이클과 재무설계에 대해 완벽히 이해하기 / 재무 목표 세우기 / 자신만의 주거래 은행 정하기 / 과감하게 투자하되, 착실히 저축하기 / 신용카드는 버리고 체크카드 이용하기 / 절약하는 습관 기르기

30대

내 집 마련을 위한 종잣돈 만들기 / 주택청약상품 가입하기 / 한발 앞서 노후준비 시작하기 / 장기 저축 실행하기

40대

고정비를 제외한 소비를 최대한 줄이기 / 안정과 수익률의 균형 찾기 / 보장성 보험에 반드시 가입하기 / 노후에 대한 구체적 계획 세우기

50대 이후

은퇴 생활비를 구체적으로 파악하기 / 안정적 자산의 비율을 높이기 / 지출의 목적을 명확히 하기 / 연금형 자산에 주력하기

Life
Cycle

6장

돈 걱정 없는 인생,
어떻게 준비할 것인가

행복한 인생을 준비하기 위한 포트폴리오 원칙

포트폴리오의 사전적 의미는 개개의 금융기관이나 개인이 보유하는 각종 금융자산의 명세표 또는 다양한 투자대상에 분산하여 자금을 투입하고 운영하는 일 등으로 정의할 수 있다. 대체로 주식투자 등 확정적이지 않은 금융상품에 투자할 때 자산가치 하락 또는 궤멸을 막기 위한 방법으로 거론되는 금융용어다. 그러나 포트폴리오는 금융상품에 대한 투자의 방법으로만 아니라 우리 인생에도 접목할 수 있다. 우리의 인생 자체도 하나의 투자라면 그에 걸맞게 노력이나 자금을 적절히 분산하는 것이 맞다. 결국 좀 더 준비하고 계획하는 삶을 살아가려면 한정된 소득으로 삶의 각 단계별 분산투자가 필요할 것이다.

특히 이번 장에서는 전체 소득을 기준으로 미래를 대비할 수 있는 구체적인 방법에 대해 알아보겠다. 현재까지 형성된 자산은 배제하고 라이프사이클상에서 예측 가능한 수입을 중심으로 어떻게 지출을 해가면 가장 좋은지에 대해 설명하겠다. 물론 현재까지 자산을 많이 형성한 사람이라면 좀 더 수월하게 미래를 준비해갈 수 있겠지만, 우리나라 사람들 대부분의 경우를 본다면 집 한 채 갖고 있는 것 외에 별다른 자산이 없다고 가정해도 큰 무리는 아니라고 생각한다.

솔루션을 위한 세 가지 접근

소득별, 계층별 구분

솔루션을 설명하기 위해서는 우선 세 가지 측면에서 접근할 필요가 있다. 첫째는 소득별 계층을 구분할 필요가 있다. 앞서 설명한 라이프사이클은 대부분 평균치를 기준으로 구성했다. 쉽게 설명하고자 예를 들기 위해서였다. 그러나 당연하게도 개개인들의 삶은 매우 다양할 것이다. 특히 우리나라 사람들의 라이프스타일은 개인적인 취향도 있겠지만 소득 규모에 따라 좌우되는 경우가 더 많다. 따라서 소득에 의한 계층별 구분이 필요하다. 이런 계층별 소득 수준에 따라 가계지출 항목별 내용이 다를 것이다.

예를 들어 20% 정도로 추산하는 고소득층의 경우 일상의 생활비와 단기저축, 노후를 대비한 연금, 만일을 대비한 보장자산 준비 비율이 상대적으로 소득이 적은 중산층이나 저소득층과 많은 차이를 보일 것이다. 우선 소득 수준에 따라 크게 세 개 그룹으로 나눌 수 있다. 첫째 고소득층, 둘째 중산층, 셋째 저소득층이다. 고소득층은 중위소득* 기준으로 150% 이상이라고 정의하는데, 여기서 중위소득이란 전체 인구의 중간층의 소득을 일컫는다. 2012년 기준으로 우리나라의 중위소득은 대략 연소득 기준으로 3,200만 원 정도이며, 이를 기준으로 50~150%를 중산층이라 하고, 150% 이상을 고소득층, 50% 미만을 저소득층으로 분류한다. 이런 기준으로 본다면 대체로 우리나라 고소득층은 20%, 중산층은 67.5%, 저소득층은 12.5% 정도로 파악할 수 있다.

한편 이런 소득 수준별로 생활비, 단기저축, 노후연금 그리고 보장성보험에 대한 분산투자율이 달라질 수 있다. 국내에서 소득 계

---

* 경제협력개발기구(OECD)의 기준에 따르면, 총 가구 중 소득순으로 순위를 매긴 다음, 정확히 가운데를 차지한 가구의 소득

층별 지출 수준이나 저축 수준이 연구된 바 없기에 명확한 근거를 제시하기는 어렵다. 또한 그런 원칙이 있다 하더라도 각자의 인생관과 경제에 대한 가치관이 다르기 때문에 어떤 것이 옳다 그르다 판단하기는 쉽지 않다. 따라서 본 책에서는 필자의 컨설팅 경험과 일반적인 상식과 재무설계의 관점 하에서 소득 수준별 지출, 단기저축, 연금, 보험에 대한 비율을 설정해 설명하겠다.

생활비 개념

우선 생활비란 전체 소득에서 단기 또는 장기저축과 각종 보험료를 제외한 모든 지출로 정의할 수 있다. 즉 전체 소득에서 모으는 돈을 뺀 나머지를 생활비로 규정한다. 그렇다면 생활비란 우리가 일상적으로 쓰고 있는 모든 돈을 의미한다고 봐도 될 것이다. 학자금, 각종 세금 및 공과금, 의식주와 관련된 비용, 기타 잡비까지 모든 지출을 생활비로 볼 수 있다. 최근의 다양한 재무설계 관련 이론상 생활비에 대한 정의 역시 다양하게 나오고 있다. 여러 학자나 전문가 입장에서 보면 약간의 차이점은 있으나 큰 맥락에서 본다면 크게 차이가 나지는 않는다. 라이프사이클이 정교한 인생 예측 자료가 아니므로 이 부분에 있어서는 시비가 없었으면 좋겠다. 일반적이고 일상적인 관점에서 이해해주길 바란다.

그렇다면 우리 사회의 20% 정도를 구성하는 고소득층은 소득을 어떻게 나눠 쓰고 있을까?

필자가 생각하는 합리적인 포트폴리오 기준은 다음과 같다. 우리나라 고소득층은 소득의 60% 정도를 생활비로 쓰고 단기저축으로 15%, 노후를 대비한 연금으로 15%, 그리고 만일을 대비한 보장성보험으로 전체 소득의 10% 정도로 쓰면 적당할 것 같다. 우리나라의 중산층인 중위소득 50~150%인 가구는 소득의 70% 정도를 생활비로 쓰고, 단기저축으로 10%, 노후를 대비한 연금으로 10%, 그리고 만일을 대비한 보장성보험으로 전체 소득의 10% 정도를 쓰면 좋을 것이다. 마지막으로 우리나라 저소득층은 소득의 80% 정도를 생활비로 쓰고 단기저축으로 10%, 노후를 대비한 연금으로 5% 내외, 그리고 만일을 대비한 보장성보험으로 전체 소득의 5% 내외를 정도로 쓰면 합당할 것이다. 이는 필자의 다년간 컨설팅 경험에 의한 것으로 개인의 견해에 따라 달라질 수 있다.

단기저축/보장자산/연금자산 개념

다음으로 각 계층별 소득 포트폴리오에서 활용하고 있는 방법, 즉 단기저축, 만일을 대비한 보장자산, 노후를 위한 연금자산의 내용과 준비 방법에 대해 알아보도록 하겠다.

우선 단기저축은 대체로 1년에서 5년 미만의 저축을 통해 자산을 형성하는 것을 말한다. 은행이나 투신사, 저축은행, 증권회사에 단기간 적립해 일정 기간 후 사용할 목적으로 돈을 모으는 수단이다. 자금의 형태로는 자녀의 교육, 결혼자금, 주택 구입 또는 확장자금, 기타 긴급예비자금 용도로 활용하기 위해 모으는 돈이다. 소득 수준별 준비도는 고소득층이 전체 소득의 15% 내외, 중산층은 10%, 저소득층은 5% 정도가 적합하다.

단기저축은 은행권과 투신권의 상품이 주류를 이루고 있다.

은행권 상품으로는 다음과 같은 것들이 있다.

■ **예·적금** : 가장 일반적인 형태로 고객이 미리 약정된 기간 동안 정해진 금액을 매월 납입하는 형태로 만기에 원금과 이자를 돌려받는 상품으로 자유적금과 정기적금의 형태로 나와 있다.

최근에는 단리형에서 다양한 기간의 복리형 상품도 판매 중이다. 대체로 은행의 예적금은 예금자보호법의 보호대상이 되므로 안전하게 믿고 맡길 수 있으나, 다른 단기상품에 비해 이자율이 낮은 것이 흠이다.

■ **표지어음** : 금융기관에서 기업 등이 발행한 어음을 매입하여 개인이 투자하기 좋게 재편성하고 이자율을 새로 정하여 발행하는 어음이다. 기간은 상품마다 다양하며, 이자는 선지급되고 중도해지는 불가능하다. 5,000만 원까지 예금자 보호대상이 된다.

■ **어음관리계좌**(Cash Management Account, CMA) : 종합금융회사가 고객의 돈을 국공채 등 단기금융상품에 투자하여 그 수익을 고객

에게 배분하는 상품이다. 수시 입출금이 가능하다는 장점이 있다. 5,000만 원까지 예금자 보호대상이 된다.

■ 단기금융펀드(Money Market Fund, MMF) : 투자신탁회사가 고객의 돈을 기업어음(CP), 국공채 등 금융자산에 투자한 후 그 수익을 고객에게 배분하는 상품이다. 소액 투자가 가능하고 환매수수료가 부과되지 않는다는 장점이 있다. 예금자 보호대상이 아니라는 점을 유의해야 한다.

■ 시장금리부 수시입출금식예금(Money Market Deposit Account, MMDA) : 가입 당시 적용되는 금리가 시장금리의 변동에 따라 결정되는 상품이다. 입출금이 자유롭고 각종 자동이체가 가능하다는 장점이 있다. 예치하는 금액이 많을수록 높은 금리가 적용되며 5,000만 원까지 예금자 보호대상이 된다.

■ 환매조건부채권(Repurchase Agreement, RP) : 채권투자의 약점인 환금성을 보완하기 위해 출시된 상품이다. 금융기관이 일정 기간 후에 다시 사는 조건으로 채권을 팔고, 경과 기간에 다라 이자를 붙여 되사는 채권이다.

투신권 상품은 아래와 같은 것들이 나와 있다. 일부는 은행권 상품과 중첩되기도 한다.

■ 펀드 : 펀드란 다수의 투자자로부터 소액의 자금을 끌어 모아

서 그 금액을 주식이나 채권 등에 투자하여 얻은 수익을 투자자에게 배당하는 금융상품이다. 공사채형과 주식형의 두 가지 유형이 있다. 공사채형 펀드는 투자자금을 예치해둘 수 있는 기간에 따라 초단기형·MMF형·단기형·중기형·장기형·2년 이상형·분리과세형 등으로 나뉜다. 주식형 펀드는 약관상의 주식편입비율에 따라서 안정형·안정성장형·성장형·자산배분형·파생상품형 등으로 구분된다.

■ 어음관리계좌(Cash Management Account, CMA) : 종합금융회사가 고객의 돈을 국공채 등 단기금융상품에 투자하여 그 수익을 고객에게 배분하는 상품이다. 수시 입출금이 가능하다는 장점이 있다. 5,000만 원까지 예금자 보호대상이 된다.

■ 채권 : 일종의 차용증서로서 정부, 공공기관, 주식회사 등이 일반 대중으로부터 장기의 자금을 조달하기 위해 발행하는 유가증권이다. 채권의 발행주체가 정부일 경우는 국채, 지방자치단체일 경우는 지방채, 특별법에 의해서 발행하는 경우는 특수채, 금융기관에서 발행하는 경우는 금융채, 일반기업에서 발행하는 경우는 회사채라고 한다. 이자 지급방법에 따라 할인채, 복리채, 이표채로 구분할 수 있고, 원리금 지급보증 유무에 따라 보증사채, 무보증사채, 담보부 사채 등으로 나눌 수 있다.

■ 환매조건부채권(Repurchase Agreement, RP) : 채권투자의 약점인

환금성을 보완하기 위해 출시된 상품이다. 금융기관이 일정 기간 후에 다시 사는 조건으로 채권을 팔고, 경과 기간에 따라 이자를 붙여 되사는 채권이다. 파생상품으로 '주가지수연계증권'과 '파생결합증권'이 있다.

■ 랩어카운트(Wrap Account) : '종합자산관리 계좌'라고도 한다. 증권회사가 투자자의 성향과 목적 등을 분석하여 고객에게 맞는 채권, 주식 등을 선별해 다양한 상품으로 포트폴리오를 구성한다. 증권회사는 이를 운용하여 일정한 보수를 받는다.

두 번째는 만일을 대비한 보장자산이다. 보장자산을 구성하는 데는 주로 보장성보험을 통한 준비를 권유한다. 보장성보험은 크게 종신토록 사망 원인에 관계없이 보장받는 종신보험과 일정한 기간 동안 사망의 원인에 관계없이 보장받는 정기보험, 그리고 일정 기간 동안 특별한 질병, 예컨대 치료가 어렵고 비용이 많이 드는 질병에 대한 진단자금, 수술 및 치료 자금 용도로 가입하는 질병보험, 각종 상해나 질병으로 인한 입원에서 치료 통원까지의 실비를 보상하는 의료실비보험 등으로 크게 나눌 수 있다.

소득 수준별 준비도는 고소득층이 전체 소득의 10% 내외, 중산층은 10%, 저소득층은 5% 정도가 적합하다. 상품에 대해서 좀 더 구체적으로 살펴보면 다음과 같다.

■ **종신보험** : 가입 시점부터 생을 마감하는 순간까지 보장받을 수 있고, 보험을 종신까지 유지하면 반드시 보험금을 지급받는 상품이다. 경제적 가장이 사망하거나 고도의 장해를 입게 되었을 때의 위험을 대비할 수 있다. 종신보험에 암, 상해, 입원비 등 여러 가지 특약을 선택하여 피보험자를 위한 기능을 추가할 수도 있다. 일반 종신보험과 달리 물가 상승에 따른 보험금의 가치 하락을 대비하는 변액유니버셜 종신보험도 있다.

■ **정기보험** : 정기보험은 종신보험과 보장 내용은 같지만, 보장 기간이 일정하게 정해져 있다는 점에서 구별된다. 암, 상해, 입원비 등의 특약을 선택할 수 있지만, 특약의 보장 기간은 정기보험 주 계약의 보장 기간을 초과할 수 없다. 필요에 따라 진단을 추가로 받지 않고도 종신보험으로 변경할 수 있다. 종신보험이 경제적으로 부담될 경우 차선책으로 정기보험을 고려해볼 수 있다.

■ **실손형 의료실비보험** : 병·의원 및 약국에서 실제로 지출한 의료비를 최대 90%까지 보상하는 상품이다. 100세까지 실제 사용한 병원비와 약제비 중 일정한 금액을 공제한 후에 지급하는 민영의료보험이라고 할 수 있다. 특약으로 암, 상해, 입원비, 진단비 등을 추가할 수 있다.

■ **암보험** : 기존의 생명보험처럼 만기가 되거나 사망 시에 일정액의 보험금이 지급되는 것이 아니라, 가입자가 보험 기간 중 암에 걸

렸을 경우 치료비를 지원하고, 암으로 사망하면 다시 보험금이 지급되는 상품이다. 상대적으로 저렴한 보험료를 지불하고 경제적 부담이 큰 암 치료비를 보장받을 수 있다는 장점이 있다. 암보험에는 갱신형과 비갱신형 두 가지 종류가 있다. 갱신형은 3년이나 5년 등으로 보험 기간을 설정한 뒤, 그 기간이 지나면 나이의 위험률을 다시 적용하여 보험료를 재산출하고 계약을 갱신한다. 초기에는 보험료가 저렴하지만 만기까지 계속 납입해야 하고, 갱신 시점에는 보험료가 증가한다는 단점이 있다. 반면에 비갱신형은 보험 기간 동안 보험사의 손해율에 상관없이 동일한 보험료를 납입한다.

■ **변액보험** : 다수의 보험 계약자가 납입하는 보험료 중 저축보험료를 따로 분리하여 별도의 분리계정을 통해 주식이나 국채·공채·사채 등 주로 수익성이 높은 유가증권에 투자를 하고, 그 투자수익을 보험 계약자의 환급금(해약환급금 또는 만기환급금)에 반영하는 상품이다. 투자수익의 성과에 따라 보험금 지급사유가 발생했을 경우에 지급되는 보험금액이 변동한다는 특징이 있다. 변액보험의 종류에는 변액연금, 변액유니버셜보험, 변액종신보험 등이 있다.

마지막으로 노후를 대비한 연금자산 형성을 위한 방법은 크게 세 가지 범주로 나눌 수 있겠다.

연금은 일반적으로 국민연금, 퇴직연금, 개인연금 세 가지로 구성되어 있는데, 이를 '연금의 3층 보장체계'라고 한다. 1층은 국민연금과 직역연금 등으로 이루어진 공적연금, 2층은 퇴직금 또는 퇴직연금, 3층은 개인연금으로 구성된다. 1988년 국민연금제도, 1994년 개인연금제도, 2005년 퇴직연금제도가 도입되면서 연금의 3층 보장체계가 완성되었다. 국민 대부분은 이러한 세 가지 종류의 연금으로 노후 소득을 보장받고 있다. 그러나 많은 사람들이 노후를 설계할 때 다양한 연금이 필요하다는 사실을 제대로 인식하지 못하고 있다. 국민연금만으로 노후자금이 충분할 것이라는 엄청난 오해를 하는 경우도 있다.

전문가들은 은퇴 후 필요한 노후자금이 근로기간 중 받았던 평균소득의 70% 정도가 되어야 한다고 조언한다. 만약 은퇴 전 자신의 월평균소득이 500만 원이었다면 은퇴 후에는 최소한 매월 350만 원의 소득을 확보해야 하는 것이다. 은퇴 전의 생활 패턴이나 지출 규모를 그대로 유지할 수는 없겠지만, 어느 정도 품위 있고 편안한 노후생활을 누리기 위해서는 원래 소득의 70% 정도를 노후자금으로 준비해두어야 한다. 자신에게 필요한 노후자금 중에서 70~80%는 앞에서 언급한 세 가지 연금에서 마련되어야 한다. 이때 국민연금에서 30~40%, 퇴직연금에서 20~30%, 개인연금에서 10~20%를 조달하는 것이 가장 적절하다.

소득 수준별 준비도는 고소득층은 전체 소득의 15% 내외를, 중산층은 10%, 저소득층은 5% 정도가 적합하다.

우리나라 사람들이 준비할 수 있는 세 가지 연금을 요약하면 아래와 같다.

■ 국민연금

우리나라의 국민연금제도는 사회보험의 일종으로, '국민들이 일상생활을 하는 중에 노령에 달했거나' 또는 '불구·폐질·사망 등의 예기하지 않은 위험발생으로 인하여 소득이 상실되거나 중단된 때'를 대비한 장기소득보장책의 일환이다. 경제활동을 하던 국민이 위와 같은 이유로 소득을 가지지 못하게 되는 경우, 국가가 본인과 그 가족의 생활 안정을 위해 장기간에 걸쳐 정기적 급여를 제공하는 것이다. 연금제도는 그 운영 주체에 따라 정부에 의한 공적연금제도와 기업의 사용주에 의한 사적연금제도로 나눌 수 있는데, 국민연금은 공적연금제도에 해당한다. 국민연금 보험가입이 강제적이고 보험방식에 따라 재원을 조달하며 자산조사를 수반하지 않는다는 점에서 사적연금과는 큰 차이가 있다.

국민연금제도는 기업부담이 가중된다는 점, 실업인구가 많은 우리나라의 경우 노후소득 보장보다는 실업문제의 해결이 선행되어야 한다는 점 등을 이유로 1973년 '국민복지연금법' 제정 이후 시행이 보류된 바 있다. 그러나 이후 지속적으로 경제가 성장하고 실시

여건이 성숙되었으며, 인구의 급속한 노령화와 사회적 위험 요인의 증가로 인해 제도 실시의 필요성이 부각되었다. 그에 따라 개정된 '국민연금법'으로 1988년부터 국민연금제도가 실시되었으며, 여러 차례의 개정을 거쳐 현재와 같은 형태로 정착되었다.

국민연금 납입대상은 18세 이상 60세 미만의 국내거주 국민이다. 단, '공무원연금법'이나 '군인연금법' 등 다른 법률에 의하여 연금적용을 받고 있는 자와 저소득계층은 제외한다. 외국인의 경우에도 국민연금의 적용을 받는 사업장에 종사하는 경우에는 본인의 희망에 따라 가입할 수 있다. 가입자는 사업장가입자·지역가입자 및 임의계속가입자로 구분되고 있으며, 상시 2인 이상의 근로자를 사용하고 있는 사업장 근로자는 의무적으로 가입해야 한다.

납입액은 가입자의 부담 능력을 고려하여 설정하는데, 제도 시행 초기에는 낮게 출발했으나 연차적으로 상향조정되고 있다. 1988년부터 1992년까지는 소득월액의 3%, 1993년부터 1997년까지는 6%, 1998년부터는 9%로 적용되었다. 사업장가입자의 경우에는 근로자 본인과 사용자가 균등부담하고, 지역가입자와 임의계속가입자는 가입자 본인이 전액부담해야 한다.

국민연금의 지급은 개개인의 필요도에 대응하는 것이 아니라, 미리 정해놓은 지급기준에 따른다. 그러므로 자신이나 가족이 질병을 앓고 있어 병원비가 많이 든다거나 예기치 못한 사고를 당했을 경우 등에도 연금 지급액에는 변동이 없다. 국민연금은 최소한의 생활 유지를 보장하기 위한 것이므로, 국민 개개인의 특수한 위험은 보장하지 못한다는 한계를 가지고 있다.

또한 국민연금은 최소 10년 이상을 가입해야만 노후에 연금을 받을 수 있기 때문에 실직이나 사업 중단 등으로 인해 납입 기간을 다 채우지 못할 경우에는 연금혜택을 받을 수 없다.

급여의 종류는 노령연금·장해연금·유족연금·반환일시금의 네 종류로 구분된다. 그중 노령연금은 가입기간, 연령, 소득의 유무 등에 따라 완전노령연금·감액노령연금·조기노령연금·재직자노령연금 및 특례노령연금으로 세분된다. 일반적으로 가입자는 가입자 자격 상실 당시의 보수 또는 소득월액의 약 40%를 매달 노령연금으로 지급받게 된다.

도시화와 핵가족화로 인해 전통적인 가족제도가 깨어짐에 따라 더 이상 노후문제를 자식들에게 의존할 수 없게 되었다. 예전과 달리 노후생활의 안정감이나 심리적 여유 또한 기대하기 어렵게 되었다. 그러나 다수의 임금근로자, 자영업자, 농어민들은 경제활동 기간 중에 노후자금 마련을 위한 자발저축이 어려운 것이 현실이다. 따라서 국민연금은 앞으로 계속해서 그 중요도가 증가할 것으로 예측되는 노인복지문제 해결에 상당한 도움을 줄 것으로 예상된다. 또한 급속한 산업화로 인한 재해 발생 위험에도 효과적으로 대

처하는 수단이 될 수 있을 것으로 기대되고 있다.

■ 퇴직연금

우리나라의 퇴직연금제도는 2005년부터 시행되었다. 퇴직연금제도는 근로자들의 노후생활을 안정시키기 위해 기업들이 사내에 충당하던 퇴직금을 회사 밖의 금융기관에 적립, 운용하다가 근로자가 퇴직할 때 일시금 또는 연금형태로 지급하여 근로자가 안정적인 노후생활이 가능하도록 도와주는 복리후생제도의 일환이다.

앞서 언급한 국민연금의 연금수령 개시연령은 60세로 되어 있으나 2013년부터 5년마다 1세씩 늘어나 2033년 이후(1969년생)부터는 65세로 높아질 예정이다. 또한 20세 초반에 가입하여 60세까지 40년간 성실히 낸다 하더라도 은퇴 시 생애평균소득의 40%만을 받게 된다. 하지만 국민연금의 실질가입기간은 평균 27년에 불과해 향후 국민연금의 실질소득대체율은 25.8~30.7%에 불과할 것으로 추산된다. 이런 국민연금의 지급액 축소에 따른 노후소득보장 기능 약화에 대비하여 퇴직적립금을 일시금이 아닌 연금으로 받는 퇴직연금제도는 이제 필수적 요소인 것이다.

한편, 현행의 퇴직금제도에서는 근로자의 퇴직금(부채)을 장부상으로만 적립하거나 회사의 운영 자금으로 유용하는 사례가 많아

기업이 도산하는 경우 퇴직금을 제대로 받지 못하고 직장을 잃는 사람들이 적지 않다. 퇴직연금제도에서는 적립금의 사외적립이 의무화되므로 기업이 도산하더라도 퇴직급여를 받을 수 있어 근로자는 실업과 퇴직급여 체불이라는 이중의 고통으로부터 안전할 수 있는 것이다. 또한 근로자의 잦은 이직에 따른 퇴직금의 조기 수령과 퇴직금 중간정산제 실시로 은퇴 전 받은 퇴직금의 대부분이 생활자금으로 사용되어 기존의 퇴직금제도로는 근로자의 노후보장에 한계가 있었으나, 퇴직연금의 도입으로 중간정산이 제한되고 이직 시에도 IRP계좌를 통해 퇴직금을 통합하여 관리할 수 있으므로 안정적인 노후생활을 준비할 수 있다.

이러한 퇴직연금에는 세 가지 종류가 있다.

우선 확정급여형인 DBDefined Benefit는 기존의 퇴직금제도와 유사한 형태로 회사가 근로자의 퇴직금을 운용하다가 퇴직 시 기존에 정해진 공식(평균임금×근속연수×지급률)대로 계산하여 연금 또는 일시금의 형태로 지급하는 제도다. 단, 연금으로 받을 때는 55세 이상, 가입기간 10년 이상의 두 가지 요건을 모두 충족해야 한다. 한편 DB형의 경우 퇴직금 수준이 미리 확정되어 있으므로 안정적으로 퇴직금 수령이 가능하며, 운용의 책임은 회사에 있으므로 근로자는 퇴직금의 투자나 관리에 신경 쓰지 않아도 된다. 또한 법정사유에 한해 퇴직금의 50% 한도 내에서 담보대출이 가능하다.

두 번째는 확정기여형인 DCDefined Contribution다. 이는 회사가 약정된 부담금(연간 임금 총액의 1/12 이상)을 근로자계좌에 적립해주고 근로자가 직접 적립금을 운용하다가 퇴직 시 연금 또는 일시금의 형태로 받을 수 있는 제도다. 이 역시 연금으로 받을 때에는 55세 이상, 가입기간 10년 이상의 두 가지 요건을 모두 충족해야 한다.

한편 상시 근로자 수 10인 미만 기업의 모든 근로자가 개인형퇴직연금IRP을 설정한 경우 퇴직연금제도를 설정한 것으로 간주하고, 확정기여형DC제도와 동일하게 운영한다.

DC형의 경우 근로자의 투자성향을 고려하여 다양하게 운용이 가능하다. 물론 운용의 책임은 근로자에 있으므로 적립금 운용 결과에 따라 발생한 수익 또는 손실이 반영되어 퇴직금이 변동될 수 있다.

또한 회사가 적립하는 부담금 외에 근로자 개인의 추가부담금 납입가 가능하며, 근로자 추가부담금의 연 400만 원 한도 소득공제 혜택도 받을 수 있다. 뿐만 아니라 법정사유에 한해 퇴직금의 50% 한도로 담보대출과 중도인출도 가능하다.

마지막으로 IRP가 있다. 이는 개인형퇴직연금Individual Retirement Pension의 약자로, 근로자가 회사를 퇴직할 때 받는 퇴직금을 수령하는 계좌다. 즉, 근로자가 퇴직/이직할 때 받은 퇴직금을 은퇴 시점까지 적립하여 각종 금융상품으로 운용하다가 연금 등 노후자금으로 활용할 수 있는 제도인 것이다. 이 역시 연금수령은 55세 이상인 경우 가능하며, 2012년 7월 26일 이후 DB/DC 가입자가 퇴직하면 퇴직금은 은행계좌가 아닌 가입자가 지정한 금융기관의 IRP계좌로 입금된다. 한편 IRP계좌의 적립금은 일시금 또는 연금(55세 이후)으로 받을 수 있으며, 일시금 수령 시에는 퇴직소득세가 적용되며 55세 이후 연금으로 수령할 경우 연금소득세가 적용된다.

또한 DB/DC 가입자는 IRP계좌에 퇴직금과 별도로 개인자금을 연간 1,200만 원까지 추가 불입할 수 있고 이 경우 소득공제는 연간 추가 불입분의 400만 원까지 가능하다. 뿐만 아니라 목돈이 필요한 경우 법정사유에 한해 중도인출도 가능하다.

이런 다양한 형태의 퇴직연금 적립금은 자산운용전문가의 도움을 받아 채권, 주식, 선물, 각종 파생상품 등과 같은 다양한 금융상품에 장기 분산투자할 수도 있다. 자산관리 환경의 변화에 효과적으로 대응함과 동시에 보다 장기적이고 체계적인 노후설계가 가능해진 것이다. 이러한 제도적 장치들을 통해 실질적인 은퇴 시점까지 충분한 수준의 노후자금을 마련할 수 있다는 것이 퇴직연금제도의 가장 큰 장점이다.

■ 개인연금

개인연금제도는 공적 연금인 국민연금이나 퇴직연금제도와는 별개로, 개인적 필요에 의해 장기저축을 통해 노후에 사용할 연금 자금을 마련하는 사적연금제도다. 우리나라에서는 개별적으로 준비할 수 있는 일반연금과 국가가 세제혜택을 부여하는 개인연금제도가 있다.

일반연금은 국가의 제도 형태가 아니므로 특별한 제한이나 혜택이 없다. 개인 스스로 가능한 범위 내에서 가입하면 된다. 대부분의 생명보험회사가 판매하는 연금들이 이에 해당한다. 반면 개인연금제도는 1994년부터 노후소득 보장제도의 일환으로 시행되었는데, 공적연금인 국민연금만으로는 효과적인 노후자금 마련이 어렵다는 현실적 이유가 가장 크게 작용했다. 국민연금제도는 경제활동을 하지 못하는 국민이 최소한의 생활 유지를 할 수 있게 소득을 보장해주는 것을 목적으로 한다. 이는 다시 말해 국민연금만으로는 개인이 원하는 노후생활을 영위할 만큼의 완전한 노후소득을 보장받을 수 없다는 뜻이다. 나이가 들수록 건강 유지를 위한 각종 의료비 및 약제비가 감당할 수 없이 늘어나는 것이 현실인데, 국민연금이 그 모든 것을 대비해주지는 못하기 때문이다. 평생토록 꿈꿔온 노후의 전원생활, 부부의 여가활동 또한 당연히 먼 나라의 이야기가 되고 만다. 국민연금공단의 조사 결과 1955~1963년생인

베이비부머들의 국민연금 예상 수령액은 월평균 46만 원이다. 한 달에 50만 원 남짓한 돈이 노후자금의 전부가 될 수 없다는 것은 누구나 아는 사실이다. 개인연금은 이러한 국민연금의 한계를 보완하고, 보다 실질적인 노후자금을 보장받을 수 있는 대비책이 될 수 있다.

개인연금제도는 개인의 선택에 따라 일정 기간 동안 저축금액을 적립한 후, 만 55세부터 연금 식으로 돈을 받을 수 있도록 구성되어 있다. 공적연금 가입자를 포함한 만 18세 이상의 모든 국민이 가입할 수 있고, 저축 기간은 최소한 10년 이상이 되어야 한다. 평균퇴직연령인 만 55세 이후부터 5년 이상의 기간에 걸쳐 매월 받을 수 있으며, 가입자의 희망에 따라 3개월·6개월·9개월·12개월 단위로 나누어 받을 수도 있다. 취급기관에 따라서 확정기한부연금 형태로 받거나 종신연금형태로 받을 수 있다.

저축방법은 일반적으로 매월 100만 원의 한도 내에서 일정액을 불입할 수 있도록 하고 있다. 연금저축은 각각 은행, 증권, 보험사에서 신탁, 펀드, 보험 형태로 판매한다. 은행에서 연금저축신탁으로 가입했어도 주식시장이 상승세를 보이면 연금저축펀드로 바꿀 수 있다. 만약 보장성이 더 중요하다고 판단되면 다시 연금저축보험으로 갈아탈 수도 있다. 세제상의 불이익을 받지 않고 하나의 계좌로 금융사를 옮길 수 있기 때문이다. 금융사를 옮길 때 수수료를 지불해야 하지만, 이 또한 내리는 추세이기 때문에 앞으로는 보다 다양한 방법으로 연금저축을 운용할 수 있을 것이다.

개인연금도 정부의 정책지원에 의해 세제혜택을 받을 수 있다. 2000년 12월 말까지의 가입분에 대해서는 저축기간 동안 연간 최고 72만 원을 한도로 불입액의 40%가 소득공제되고, 이자소득세도 비과세된다. 2001년 1월 1일 이후 가입분은 2011년부터는 소득공제 한도가 400만 원으로 확대되었다. 단, 연금소득세 5.5%는 원천징수된다.

한편 목돈을 집어넣고 매달 월급처럼 연금을 받는 상품인 '즉시연금'은 소득공제 혜택이 주어지지 않는다. 하지만 연금을 받을 때 2억 원 이하 납입분에 대해서는 세금을 내지 않아도 된다. 본인이 죽을 때까지 원금과 이자를 나눠 받는 종신형 상품은 금액에 상관없이 전부 비과세다. 본인은 매달 이자만 받고 원금은 자식들에게 물려주는 상속형 상품은 2억 초과 납입 시 이자 수익에 대해 15.4%를 과세한다.

노후에 대한 불안감을 갖고 있긴 하지만, 국민연금이나 퇴직연금이 자신의 노후생활을 보장해줄 수 있을 것이라 막연하게 믿고 있는 사람들이 많다. 먼 미래의 일이라고만 생각해 연금 준비를 소홀히 하거나, 당장의 지출도 빠듯하다는 생각에 선뜻 개인연금에 가입하지 못하는 경우가 대부분이다. 그러나 전문가들은 하나같이

"국민연금 등 공적연금만으로는 노후준비가 부족하므로 하루라도 빨리, 조금씩 준비해야 한다"고 단언한다. 현재 가계지출에 맞춰 적은 돈이라도 장기간의 연금에 가입하는 것이 반드시 필요하다.

보장성보험을 통한 준비 방법

보장자산

보장성보험을 통해 보장자산을 준비하는 데는 몇 가지 기준이 있다.

첫째, 현재 나의 보험가입 현황을 파악하는 것이다. 지금까지 여러 경로를 통해 즉흥적이고 별 계획 없이 보험을 준비했더라도, 현재의 보험료 납입에 큰 지장이 없고 보장 정도가 충분하다면 크게 고민할 필요가 없다. 그러나 보험가입 내용이 내 삶의 목표와 크게 맞지도 않고 발생의 확률이 떨어지는 곳에 집중되거나, 중복되어 쓸데없이 보험료 부담만 크다면 그것은 좋은 보험이 아닐 것이다.

둘째, 나의 보험료 납입를 파악하는 것이다. 경제적인 여유가 충분해서 보험을 크게 든다면 큰 문제는 없을 것이다. 그러나 한정된 소득으로 보장을 늘리면 보험료 납입에 대한 문제는 반드시 발생

한다. 그래서 현재의 내 소득에 적합한 규모의 보험을 가입해야 하는 것이다. 나의 보험료 납입 여력을 초과해 가입한다면, 처음에는 의욕과 열정으로 열심히 납입하겠지만 보험의 특성인 장기간 납입란 상황에 직면하면 얘기가 달라진다. 장기간에 걸친 보험료 납입에 대한 부담으로 인해 납입가 중지된다면 더 이상의 보장도 받기 어려울 뿐만 아니라, 중도에 해지를 하게 되면 금전적으로 원하던만큼 받을 수 없을 것이다. 따라서 현재 소득 및 추후 납입 여력까지도 고려해 보험료 규모를 설정할 필요가 있다.

적당한 규모는 앞서 언급한 바 소득 규모에 따라 다음과 같이 정리할 수 있다.

고소득자 10%, 중산층 10%, 저소득자 5%

셋째는 가입하려는 보험의 크기나 보장받는 기간이다. 물론 위에서 언급한 것처럼 경제적인 여유가 있어 일단 보험가입을 크게 가져간다면 그리 나쁠 건 없을 것이다. 하지만 이에 해당하는 사람은 많지 않다. 그래서 적당한 규모의 보험을 가입해야 하는 것이고, 그 적당함이란 현재 나의 보험가입 여력으로 가능한 것이어야 한다. 예를 들어 나는 1억의 보장자산을 갖길 원하지만 그럴 경우 월 30만 원의 보험료를 납입해야 한다면 상당히 부담스러울 것이다.

그럴 경우 어떻게 하겠는가? 방법은 있다. 보장자산 1억을 마련하는 방법에는 종신보험을 주계약 1억에 보험료 납입기간을 10년으로 해서 보험료 30만 원으로 설계하는 방법이 있는 반면, 종신보험 주계약을 1억을 설계하지만 20년 납으로 하면 보험료는 15만 원 이하로 줄어든다.

또 종신보험이 아니라 정기보험으로 설계하여 60세 정도까지 가입한다면 보험료 부담은 더 줄어들 것이다. 이런 식으로 주계약액에 대한 보험료 납입기간을 조절하는 방법과, 종신보장보다는 일정 기간 보장을 받는 정기보험의 형태로 보장자산을 마련하는 방법이 있다.

이를 보험가입의 대·장·금이라고도 한다. 여기서 대大란 보장의 범위를 일컫는다. 보장의 혜택을 받을 수 있는 범위가 넓어야 한다는 뜻이다. 흔히 우산에 비유하는데, 우리가 비올 때를 준비하는 것이 우산인데 이 우산이 작아서 몸 일부밖에 가려주지 못한다면 제대로 역할을 할 수 없다는 의미다. 과거 재해보험이나 상해보험 등이 이에 속하는데, 재해나 상해는 우리가 일생을 살아가며 발생할 확률이 사실 그다지 높지 않다. 연간 사망자 수를 보더라도 재해사망 대 일반사망은 8대 92 정도다. 즉 연간 100명 중 재해사망은 8명에 불과하고 대부분의 사람들이 일반사망, 즉 질병으로 사망한다는 의미다. 따라서 보험을 준비한다면 재해사망보다

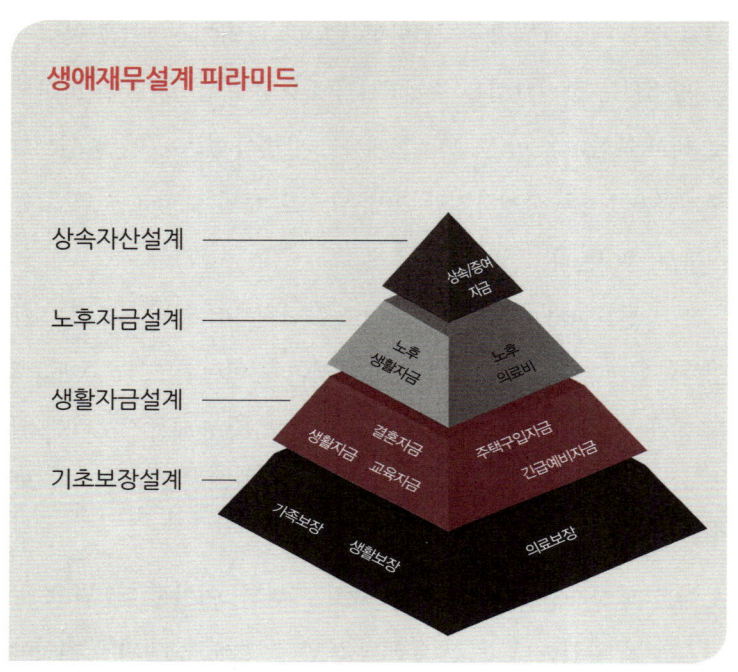

생애재무설계 피라미드

상속자산설계 ——————— 상속/증여 자금

노후자금설계 ——————— 노후 생활자금 / 노후 의료비

생활자금설계 ——————— 생활자금 / 결혼자금 / 교육자금 / 주택구입자금 / 긴급예비자금

기초보장설계 —— 가족보장 / 생활보장 / 의료보장

는 일반사망 중심의 보장자산을 준비해야 한다. 이러한 우산의 크기는 다양한 보험상품에 모두 적용될 수 있다. 가급적이면 보장받을 수 있는 범위가 커야 만일의 경우를 확실하게 대비할 수 있는 것이다.

필자가 생각하는 大는 크게 세 가지 관점에서 이야기할 수 있다. 흔히 생애재무설계에서 이야기하는 '기초보장설계'에 해당하는 것으로 첫째 가족보장 설계자금이다. 이는 가장의 갑작스런 사망에서 가족이 회생할 수 있을 때까지의 생활자금을 의미한다. 배우자가 다른 직업을 가질 때까지 생계를 책임질 수 있는 자금, 또는 대출 등을 상환할 자금 등으로 의미를 지울 수 있으며, 대체로 가장의 연소득의 3배에서 5배 정도를 준비하길 권장한다.

다음으로 생활보장자금은 두 가지 측면에서 고려될 수 있다. 첫째는 가장의 치명적 질병 발병 시 앞서 언급한 것처럼 소득이 상실될 수 있으므로 소득 상실 기간 동안의 가족의 생활비 관점에서 얼마나 필요한가 하는 것과, 두 번째는 실손보험이 준비되지 않았을 경우 입원비와 치료비를 포함한 의료 경비 부분이다. 실손이 준비되어 있는 경우라면 대체로 가장의 연소득의 1배에서 1.5배 정도가 필요하고, 실손이 준비되어 있지 않다면 가장의 연소득의 2배 정도를 권장한다.

마지막이 의료보장설계다. 이는 우리가 죽을 병에 걸리지 않더라도 일상적으로 병원에 자주 가고 가끔씩 중대한 질병에 걸리더라도 실손보험을 통해 경제적인 부담을 커버해야 하는 것을 의미한다. 실손보험은 가족 모두가 가입해야 할 필수적인 항목이다.

위 세 가지를 우리는 생애재무설계에 있어서 '기초보장설계'라고 하며, 모든 보험의 기초 요소로 인정하고 있다.

대장금의 두 번째 요소인 장長은 보험의 기간도 잘 고려해야 한다는 의미다. 인간은 누구나 다 죽는다. 그러나 중요한 것은 타이

밍이다. 언제 죽느냐가 문제인 것이다. 예를 들어 자식들 다 키워서 혼인까지 마친 80대 남자는 가장으로서, 즉 경제원으로서 가족들에게 큰 의미는 없다. 그렇다고 죽음의 의미가 없다는 말은 아니다. 경제적 가치 면에서 그렇다는 것이다. 그 사람은 수억 원의 보장을 위해 굳이 한 달에 수십만 원의 보험료를 낼 필요가 없다. 물론 여유가 있다면 괜찮겠지만, 우선순위의 자금이 필요한 항목들도 많이 있는데 한 달 보험료로 많은 비용을 치를 필요는 없는 것이다. 이럴 경우에는 기간이 정해진 정기보험을 가입하는 것이 좀 더 유리할 것이다.

또 한편 건강보험의 경우를 예로 들어보자. 치명적 질병, 예를 들어 암은 인생의 어느 시기에 많이 걸리겠는가? 40대? 50대? 아니다. 나이 먹을수록 암에 많이 걸린다. 얼마 전 신문기사에서 우리나라 남자들은 평생 암에 걸릴 확률이 35%를 넘는다고 한다. 이런 경우 암보험은 몇 세까지 가입하는 게 유리할까? 당연히 오랜 기간 동안 보장받는 게 유리할 것이다. 60세 또는 70세까지밖에 보장을 못 받는다면, 그 이후에 암에 걸리게 되면 기록적인 비용부담으로 제대로 치료도 못 받고 사망할 가능성이 매우 클 것이다. 이렇듯 보장 기간에 있어서 질병보험은 길면 길수록 좋은 반면 사망보장은 가장의 책임 기간 동안은 가급적 크게 하고 이후로는 좀 줄여나가도 괜찮을 것이다.

마지막으로 금金은 보험금을 의미한다. 물론 큰 보험을 들면 보험금을 많이 받겠지만, 우리네 형편을 생각하면 무작정 큰 보험을 들기는 쉽지 않다. 그래서 우리 수준에 맞는 보험이되 가급적 보험의 혜택을 제대로 받을 수 있을 정도는 되어야 한다. 보험을 들긴 들었는데 사망이든, 사고든, 질병이든 찔끔 받게 된다면 진실로 만일을 위한 대비라고 하기는 어려울 것이다. 따라서 당장에는 부담스럽더라도 만일을 위해 나머지 가족들이 안정된 생활을 할 수 있도록 또는 보험금으로 재활이나 치료를 충분히 받을 수 있도록 준비하는 것이 필요하다. 바로 이런 의미에서 좋은 보험의 조건으로 대장금을 이야기하는 것이다.

마지막으로 보험이 가지고 있는 상품의 특징을 고려해야 한다. 최근 보험상품들은 상품의 보장에 대한 내용뿐만 아니라 다양한 부가적인 특징도 있다. 과거 자동차에는 에어컨이 선택 사항이었다면 최근에는 기본사항으로 장착되어 나오는 것처럼 보험의 부가적인 측면들이 하나의 상품에 묶여 나오는 경우가 많다. 대표적인 것이 '유·연·납'이라고 불리는 부가 기능들이다.

유니버셜 기능

'유'란 '유니버셜' 기능의 줄임말로, 유니버셜Universal 기능이란 말 그대로 광범위하고 다양하다는 의미다. 이는 크게 세 가지를 의미한다. 첫째가 납입중지 기능이다. 대부분의 보험에서 납입중지라 함은 보험료를 그만내고 보장받기를 포기한다는 의미다. 하지만 납입중지 기능은 일정 기간(대부분 2년)이 지나면 보험료 납입가 부담스러울 경우 소정의 절차를 통해 일정 기간 납입를 중지할 수 있음을 보험회사와 계약자 간에 합의하는 경우를 말한다. 물론 이 기간 중에도 보장 혜택을 당연히 받을 수 있다. 하지만 대가 없이 보장을 받을 수는 없다. 현재까지 보험료 납입를 통해 적립된 금액 내에서 매월 보장받는 금액만큼 차감을 해야 보장을 받을 수 있다. 당연히 보험회사와 계약자가 이 내용에 합의를 해야 보장받을 수 있다. 우리나라 보험의 경우 1년, 즉 13회차 보험유지율이 85% 내외다. 1년도 안 돼 15%의 계약이 해지된다는 의미고, 이는 보험회사와 계약자 모두에게 반갑지 않은 일이다. 보험회사도 사업비의 누수가 생기고 고객은 단기해지에 따른 환급금 과소로 손해를 본다는 인식을 갖기 때문이다. 이런 대부분의 조기 해지는 보험료 납입 부담에 기인하는 경우가 대부분이다. 따라서 이에 대한 합리적인 상호 배려의 방법으로 활용할 수 있으니, 보험가입에 대한 부담감을 많이 줄일 수 있다고 본다.

두 번째 유니버셜 기능은 추가납입다. 이는 첫 번째 납입중지에 대한 반대개념으로 해석하면 될 것이다. 납입가 유예되었으니 못

낸 보험료를 보충하는 것은 당연한 일이다. 이 추가납입 기능은 보험료를 납입하지 못한 사람들에게 못 낸 보험료를 더 내게 하는 것뿐만 아니라 보험료를 잘 내고 있는 사람들이 추가적으로 보험료를 더 낼 수 있도록 하는 제도다. 아니, 부담스런 보험료를 더 낸다고? 하지만 추가로 내는 보험료는 상당히 부담감이 줄어든 보험료다. 보험료가 부담스런 이유는, 보험료의 구성 원리상 부가보험료, 즉 보험회사의 사업비 부분은 보장이나 나중에 찾아가는 적립액에 전혀 도움이 되지 못하고 사라지는 돈인데, 추가납입를 하면 이 부분에 대한 사업비가 거의 부가되지 않아 보험료의 대부분(수금비, 유지비 명목으로 1% 내외 정도만 차감됨)이 보장이나 적립액에 포함되어 내 것이 되기 때문이다. 그렇기 때문에 추가납입할 수 있는 보험료도 상한선이 정해져 있다. 보험회사 입장에서는 소위 돈 되는 부분이기보다는 계약자에게 서비스하는 부분이라 많이 받기 부담스러워 제한하는 형편이다. 대체로 연간 납입보험료의 두 배 정도를 상한선으로 두고 있다.

세 번째는 중도인출 기능이다. 중도인출이란 말 그대로 중도에 일정액을 인출한다는 것이다. 보험에 들면 보험회사로부터 내 보험의 일부를 꺼내 쓸 수 있는 방법이 있는데, 그 하나가 보험대출제도이고 다음이 중도인출 방법이다. 두 가지 모두 내가 낸 보험료의 일부를 찾아 쓴다는 의미는 같지만 몇 가지 다른 부분이 있다. 첫째는 찾아 쓸 수 있는 돈의 한계인데, 보험대출은 회사마다 상품마다 차이는 좀 있으나 해지환급금의 최대 90%까지 찾아 쓸 수 있다. 반면 중도인출은 해지환급금의 50% 이내로 제한되어 있다. 두 번째 차이는 이자의 유무다. 보험대출액은 회사와 상품에 따라 일정의 이자를 지급해야 한다. 대체로 공시이율에 1.5% 정도를 더해 월 이자로 지급해야 한다. 그 대신 대출받은 금액을 포함하여 총 적립액에서 내 돈은 일정 이율로 계속 부리를 해준다. 즉 내 돈은 내 돈대로 보험회사에서 굴리기 때문에 빌려주는 돈만큼 좀 더 이자를 내고 쓰는 시스템이다. 반면 중도인출은 이자가 없다. 인출 수수료가 있기는 하나 인출액의 0.2%, 최대 2,000원 한도다.

1,000만 원 인출해도 2,000원이고 1억 원 인출해도 2,000원이다. 이자 내는 것에 비하면 새발에 피인 것이다. 그런데 인출된 금액만큼 빠져서 부리된다는 단점이 있다. '당신 돈 빼 갔으니 나머지만 갖고 굴려주겠다'는 의미다. 물론 보장내용에는 두 가지 모두 변함이 없다. 어떤 것이 유리한지는 상품별로 상이할 수 있는데, 소액의 급전이라면 카드회사나 은행문을 들락거리지 않아도 되며 쉽게 사용할 수 있기에 정말 좋은 제도다.

연금전환 기능

유연납의 두 번째는 연금전환 기능이다. 연금에 대해서는 앞서도 언급한 바 있고 다음 장에서도 좀 더 구체적으로 이야기할 것이지만 여기에서는 간단히 연금전환의 중요성과 필요성을 알아보도록 하겠다. 현재 우리가 준비 가능한 노후방법은 몇 가지 있다. 국민연금과 퇴직연금 그리고 개인연금, 그것도 모자라면 부동산의 현금화를 통해 노후자산을 만들 수 있다. 그러나 이 모든 것을 동원해도 노후준비가 원활치 않거나 부족한 경우가 많이 발생한다. 이럴 경우 젊었을 때, 가장의 책임 기간 동안에 준비해두었던 보장을 일부 또는 전부를 노후준비 자금으로 돌릴 수 있다는 의미다. 예를 들어 홍길동 씨 가정의 라이프사이클을 다시 한번 보자.

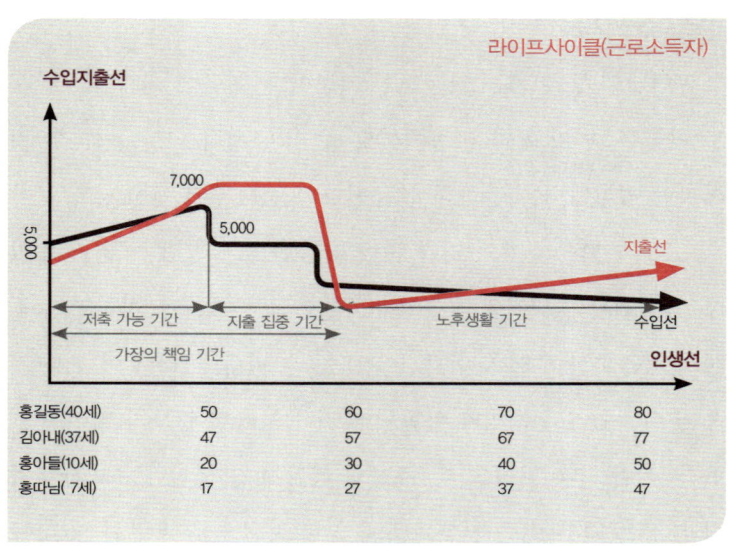

라이프사이클(근로소득자)

수입지출선

7,000

5,000

5,000

| | 저축 가능 기간 | 지출 집중 기간 | 노후생활 기간 | 수입선 |
| 지출선 |

가장의 책임 기간

인생선

홍길동(40세)	50	60	70	80
김아내(37세)	47	57	67	77
홍아들(10세)	20	30	40	50
홍따님(7세)	17	27	37	47

　여기서 60대 중반까지 가장의 책임 기간으로 볼 수 있다. 이 기간에 만일의 경우가 발생하면 가족들은 상당한 경제적 고통을 받을 수밖에 없다. 하지만 다행히도 홍길동 씨 가족이 아무 일 없이 이 기간을 지냈다고 치자. 그 시점에서 홍길동 씨의 자산은 어찌 되었을까? 현재의 일반적인 수준으로 본다면 홍길동 씨는 그리 부유하지 못할 것 같다.

　아들이와 따님이 교육, 결혼자금으로 노후에 대한 준비가 쉽지 않을 것이다. 물론 국민연금도 들고 퇴직연금도 가입해 있겠지만, 현재의 노후준비도를 감안한다면 그리 충분하지는 않을 것이다.

결국 홍길동 씨는 60대 중반부터 가장의 책임은 거의 다 했다. 지금 사망해도 가족들에게 큰 경제적인 고통은 주지 않을 것이다. 그렇다면 지금까지처럼 커다란 보장자산은 필요 없을지 모른다. 따라서 좀 더 현명하게 나머지 인생을 보내겠다면, 지금껏 모아온 보장자산을 연금화하는 것이 낫다. 이렇게 연금전환을 통해 부족한 연금자산에 기여할 수 있다면 좀 더 여유 있는 노후를 준비할 수 있을 것이다. 이럴 경우 대안이 바로 지금까지 보장성보험을 연금으로 전환하는 방법이다. 연금화하는 방법은 역시 회사마다 좀 다르긴 하나, 현재까지 적립액을 연금 일시납으로 구입하는 방식으로 연금전환이 가능하다. 연금을 받는 방법도 현재 판매되는 다양한 유형의 연금선택이 가능하다. 종신토록 연금을 받는 종신형부터 확정형, 상속형, 또는 일부 일시금 나머지는 종신 또는 확정형으로 지급받을 수 있다.

납입면제 기능

마지막으로 납입면제 기능이다. 납입면제 기능은 계약자가 치명적 질병이나 치명적 장해 상태가 되었을 때 보험회사가 납입할 보험료를 면제해주는 경우다. 보험회사 입장에서는 계약자가 더 이상 경제활동이 어렵고 그에 따라 보험료를 납입할 형편이 안 되는 것에 대해 총괄적인 보장을 해주겠다는 의미다. 이때 계약자가 추가적으로 내야 할 보험료는 보험회사가 대신 납입해준다. 따라서 계약은 계속 유지되고 보험의 적립액과 해약환급금도 같이 증액된다. 즉 보험회사가 모든 걸 대신해준다는 의미다. 대부분의 보험회사의 경우 납입면제 사항은 장해율 50% 이상 또는 치명적 질병 진단 시이다.

물론 회사마다 상품마다 차이가 있다는 것은 명심하고 잘 선택해야 함은 당연하다.

지금까지 살펴본 대장금, 유연납은 좋은 보험을 고르는 원칙으로 널리 통용되고 있다. 이런 관점에서 독자들도 현재의 보험을 재분석해보며 추가가입이나 재가입 사항을 점검해보길 바란다.

다음 장에서는 현재 보험가입 정도를 기준으로 좋은 보험을 가입하기 위한 가이드라인을 같이 점검해보도록 하겠다. 우선 다음 사항을 보며 사례의 주인공이 어떤 보험을 어떻게 선택해야 할지 함께 살펴보자.

■ 만일을 대비하는 데 있어 가장 중요한 것은 '방법'이다. 다음 페이지의 주인공들이 '만일의 경우'를 대비하는 방법이 나오는데, 주목할 부분은 '어떤 보험으로 얼마만큼 가입하느냐보다, 어떻게 부족자금을 찾고 준비하는가'이다. 보험상품 중심으로 설명하자면, 회사별, 상품별 보험료와 납입기간 그리고 예시하는 이율 및 투자수익률에 따라 달라질 수 있는 부분이 많다. 따라서 사례에 예시된 보험료나 보험금에 너무 민감할 필요는 없을 것 같다.

■ 사례연구는 실제 사례를 바탕으로 가정한 내용으로, 컨설팅 전문가에 따라 달라질 수 있음.

■ 예시된 금액은 금융회사별, 상품별 내용에 따라 달라질 수 있음.

■ 사례 연구 1(40대 직장인)

가족사항 : 홍길동(45세), 김아내(42세), 홍아들(13세), 홍따님(10세)

직장사항 : 홍길동 씨는 ○○전자 입사 15년차 차장

　　　　　55세 현 직장 퇴직 예정

경제상황 : 현 연소득 5,000만 원, 월 생활비 300만 원, 저축(100만 원)·

　　　　　보험(20만 원)

　　　　　현재 신도시 아파트 33평 소유(시가 3억 원)

보험가입 : 종신보험(주계약 3,000만 원/월 보험료 20만 원)

　　　　　실손 미가입(본인, 가족)/치명적 질병보험 미가입

■ 설계 포인트

구분		기준	준비 정도	부족액	설계 팁
설계 포인트	가족 보장	1억 5,000만 원	3,000만 원	1억 2,000만 원	통합보험 주계약 1억 원+정기특약(60세) 2,000만 원
	생활 보장	5,000만 원	–	5,000만 원	상기 보험 주계약 1억 원 가입 치명적 질병 발병 시 5,000만 원 보장
	의료 보장	가족 전원 실손 가입	–	가족 전원 실손 가입	종합입원형 5,000만 원 종합통원형 30만 원

■ 추가 가입 포인트

납입 여력

- 소득의 10% : 월 40만 원 내외

- 현재 20만 원 납입 중, 추가 20만 원 가능

설계 후

- 가족보장 : 통합보험 1억 2,000만 원 보장

  (주보험 1억;452,000원)+(정기특약 2,000만;11,000원)

- 생활보장 : 치명적 질병 발병 시, 상기 보험에서 5,000만 원 보장

- 의료보장 : 종합입원 5,000만 원(종신), 종합통원 30만 원(종신)

  (홍길동;14,060원/김아내;16,000원/홍아들;4,250원/

  홍따님;4,240원)

- 총 보험료 : 501,550원(총 보험료가 납입 여력 초과)

해결안

① 보장축소

  – 전 가족 실손 가입 : 38,550원

  – 차액(16만 원)으로 상기 보험 축소 가입(주보험 4,000만 원)

② 추가 가입 여력 확보

  – 생활비 절약 및 저축액 감소를 통해 월 30만 원 보험 가입 여력 확보

홍길동 씨의 현재 준비 상황은 일반적인 기초보장설계에 크게
못 미치고 있다.

일반적인 기준으로 가족보장 금액은 가장의 연소득의 3~5배 정
도가 적당하다. 하지만 현재 홍길동 씨의 가족보장 자산은 3,000
만 원이 전부다. 대략 1억 이상이 부족하다. 또한 치명적 질병 발병
시 가족들의 생활자금인 생활설계 자금도 전무하며 전 가족 모두
가 실손 가입이 안 되어 있다. 가입 여력 측면에서 볼 때 월평균소득
이 400만 원 정도임을 감안하면 소득의 10%인 월 40만 원 정도는
가능하다. 현재 그는 20만 원 정도로 3,000만 원을 보장받는 종신
보험에 가입하고 있기 때문에 추가적으로 20만 원 정도는 보험에
가입할 수 있을 것이다. 현재 기준으로 부족한 부분을 채우기 위해
가능한 보험을 전부 가입한다고 보면 가족보장을 위해 1억 2,000
만 원 정도의 설계와 치명적 질병 5,000만 원 정도, 그리고 전 가족
의 실손 가입을 추진한다면 보험료 납입기간을 홍길동 씨의 예상
정년인 55세, 즉 10년 납 기준으로 구성하면 대략 50만 원 정도가
산출된다. 그러나 이는 홍길동 씨의 가능한 가입 여력인 20만 원을
훨씬 초과하게 된다. 이럴 경우 해결책은 추가 여력 확보가 어렵다
면 기준 가입금액을 낮추는 방법을 우선 고려해야 할 것이다. 현재

생활보장자산과 의료실손이 전혀 준비되어 있지 않기에 그 두 가지 중 하나를 우선적으로 준비하고 나머지는 남는 여력에 맞춰 설계하면 될 것이다.

필자가 컨설팅을 한다면 첫 번째 가입은 실손보험이다. 실손보험은 개인의 건강에 따른 가입 절차가 매우 까다롭다. 현재 홍길동 씨가 건강하다면 큰 문제는 없겠지만 추후라도 건강에 문제가 생기면 그때 가서 가입이 곤란해질 수 있다. 뿐만 아니라 실손보험은 일정 기간 동안 갱신을 해야 하며 연령 증가에 따른 보험료 인상도 가파른 편이라 가능하면 젊고 건강할 때 가입해두는 것이 좋다. 또한 아이들의 경우도 마찬가지라서 어렸을 때부터 가입하는 것이 유리하고 혹시 나중에라도 심각한 질병이 발생하게 되면 영원히 실손가입이 어려워질 수 있기에 빨리 가입하는 것이 매우 필요하다. 따라서 필자는 홍길동 씨 가족의 보험 1순위를 실손보험으로 권해주고 싶다.

다음은 생활보장 자산을 권하겠다. 물론 가족보장 자산도 중요하지만 현재 3,000만 원의 자금이 확보되어 있기에 생활보장 자산인 치명적 질병보험을 준비하고 남는 여력으로 일반사망보험을 가입하면 될 것이다. 최근의 각 보험회사에는 사망과 치명적 질병을 동시에 보장하는 형태의 보험도 있으니 그러한 상품을 선택한다면 두 마리 토끼를 다 잡을 수 있을 것이다.

두 번째 방법은 생활비를 줄여 보험가입 여력을 확보하는 것이다. 현재 홍길동 씨 가족의 경우 소득의 70% 정도를 지출하고 있다. 물론 모두가 쏠쏠이가 있는 돈이기는 하나 의식주나 문화생활 관련 비용을 조금 절약해서 추가가입 여력을 확보한다면 현명한 미래 대처가 될 것이다. 한편 홍길동 씨 가정은 현재 저축을 많이 하고 있는 편이라 저축을 좀 줄이며 기준대로 가입을 생각할 수도 있다. 추가 가입 금액이 50만 원이라면 가능 금액 20만 원을 제외하고 30만 원 정도를 저축 여력에서 이동하면 가능할 것이다. 홍길동 씨는 현재 100만 원 정도를 단기저축으로 운용하는데, 본인의 소득에 비해 좀 많은 듯하다. 적당한 금액은 소득의 10~15% 정도로 본다면 40~60만 원 정도다. 따라서 큰 부담없이 보장자산 확보를 위해 자금의 이전이 가능하리라 본다.

이상과 같이 홍길동 씨 가정의 기초보장설계 관점에서 컨설팅을 시행해보았다. 위에 제시한 내용들은 정답이 있는 것이 아니다. 필자의 견해가 그렇다는 것이고 현재 컨설팅에 종사하는 컨설턴트들의 컨설팅 철학에 따라 구체적인 상품은 달라질 수도 있다. 뿐만 아니라 판매하는 보험회사의 상품의 특성과 보험료 수준도 조금씩 차이가 있기에 정확한 컨설팅을 한다는 것은 의미가 없다. 다만 어떤 형식이 되었건 자신의 인생을 그려보고 준비한다는 데 우선적인 시각을 둘 필요가 있다. 아무쪼록 독자들도 이 분야에 대한 관심을 갖고 전문가들의 도움을 받아 현명한 미래 준비를 하길 바란다.

■ 사례 연구 2(30대 자영업)

가족사항 : 홍길동(35세), 김아내(32세), 홍아들(5세), 홍따님(2세)

직장사항 : 홍길동 씨는 인테리어 관련 자영업(10년)

65세까지 현업 예정

경제상황 : 현 연소득 4,000만 원, 월 생활비 200만 원, 저축(100만 원)·

보험(20만 원)

현재 신도시 아파트 23평 소유(시가 2.5억 원)

보험가입 : 종신보험(주계약 3,000만 원/월 보험료 15만 원)

실손 미가입(본인, 가족)/치명적 질병보험 미가입

■ 설계 포인트

구분		기준	준비 정도	부족액	설계 팁
설계 포인트	가족보장	1억 2,000만 원	3,000만 원	9,000만 원	통합보험주계약 8,000만 원 +정기특약(60세) 1,000만 원
	생활보장	4,000만 원	–	4,000만 원	상기 보험 주계약 8,000만 원 가입, 치명적 질병 발병 시 4,000만 원 보장
	의료보장	가족 전원 실손 가입	–	가족 전원 실손 가입	종합입원형 5,000만 원 종합통원형 30만 원

■ 추가 가입 포인트

납입 여력

- 소득의 10% : 월 30만 원 내외
- 현재 15만 원 납입 중, 추가 15만 원 가능

설계 후

- 가족보장 : 통합보험 9,000만 원 보장

  (주보험 8,000만;161,600원)+(정기특약 1,000만;2,800원)

- 생활보장 : 치명적 질병 발병 시, 상기 보험에서 4,000만 원 보장
- 의료보장 : 종합입원 5,000만 원(종신), 종합통원 30만 원(종신)

  (홍길동;8,350원/김아내;10,780원/홍아들;7,370원/

  홍따님;11,810원)

- 총 보험료 : 202,710원(총 보험료가 납입 여력 초과)

해결안

① 보장축소

   – 전 가족 실손 가입 : 38,310원

   – 차액(11만 원)으로 상기 보험 축소 가입(주보험 6,000만 원)

② 추가 가입 여력 확보

   – 생활비 절약 및 저축액 감소를 통해 월 5만 원 보험 가입 여력 확보

■ 사례 연구 3(40대 자영업 맞벌이, 배우자 직장인)

가족사항 : 홍길동(45세), 김아내(42세), 홍아들(13세), 홍따님(10세)

직장사항 : 홍길동 씨는 수도권 신도시 식당 운영, 65세까지 현업 예정

　　　　　　김아내 씨는 중소기업 근무, 50세 퇴직 예정

경제상황 : 현 연소득(남편 5,000만 원, 아내 3,000만 원),

　　　　　　월 생활비 500만 원, 저축(150만 원)·보험(20만 원)

　　　　　　현재 신도시 아파트 33평 소유(시가 3억 원)

보험가입 : 종신보험(남편–주계약 3,000만 원/월 보험료 20만 원)

　　　　　　실손 미가입(본인, 가족)/치명적 질병보험 미가입

■ 설계 포인트

구분		기준	준비 자금	부족액	설계 팁
설계 포인트	가족보장	1억 5,000만 원	3,000만 원	1억 2,000만 원	통합보험주계약 1억 원 +정기특약(60세) 2,000만 원
	생활보장	5,000만 원	–	5,000만 원	상기 보험 주계약 1억 원 가입, 치명적 질병 발병 시 5,000만 원 보장
	의료보장	가족 전원 실손 가입	–	가족 전원 실손 가입	종합입원형 5,000만 원 종합통원형 30만 원

■ 추가 가입 포인트

납입 여력

- 소득의 10% : 월 60만 원 내외
- 현재 20만 원 납입 중, 추가 40만 원 가능

설계 후

- 가족보장 : 통합보험 1억 2,000만 원 보장

  (주보험 1억;292,000원)+(정기특약 2,000만;11,000원)
- 생활보장 : 치명적 질병 발병 시, 상기 보험에서 5,000만 원 보장
- 의료보장 : 종합입원 5,000만 원(종신), 종합통원 30만 원(종신)

  (홍길동;14,060원/김아내;16,000원/홍아들;4,250원/

  홍따님;4,240원)
- 총 보험료 : 380,550원(총 보험료가 납입 여력으로 가능)

해결안

① 현재 가입 여력으로 상기 보험 가입 시 보장자산 충족

② 김아내 씨의 보장자산 추가 필요

  - 9,000만 원 정도(정기보험 55~60세)

   월 5~7만 원 필요

■ 사례 연구 4(30대 미혼, 직장인)

가족사항 : 홍길동(30세), 김아내(28세, 여자친구)

직장사항 : 홍길동 씨는 ○○전자 3년차, 김아내 씨는 무직

경제상황 : 현 연소득(3,000만 원)

월 생활비 150만 원, 저축(90만 원)·보험(10만 원)

금년 중 결혼 예정, 결혼 후 신도시 아파트 23평 전세(1억

5,000만 원)

보험가입 : 종신보험(주계약 3,000만 원/월 보험료 10만 원)

실손 미가입(본인, 배우자)/치명적 질병보험 미가입

■ 설계 포인트

구분		기준	준비 자금	부족액	설계 팁
설계 포인트	가족보장	1억 원	3,000만 원	7,000만 원	통합보험주계약 6000만 원 +정기특약(60세) 1,000만 원
	생활보장	3,000만 원	–	3,000만 원	상기 보험 주계약 6000만 원 가입, 치명적 질병 발병 시 3,000만 원 보장
	의료보장	가족 전원 실손 가입	–	가족 전원 실손 가입	종합입원형 5,000만 원 종합통원형 30만 원

■ 추가 가입 포인트

납입 여력

- 소득의 10% : 월 25만 원 내외
- 현재 10만 원 납입 중, 추가 15만 원 가능

설계 후

- 가족보장 : 통합보험 7,000만 원 보장

  　　　　(주보험 6000만;103,200원)+(정기특약 1,000관;2,600원)
- 생활보장 : 치명적 질병 발병 시, 상기 보험에서 3,000만 원 보장
- 의료보장 : 종합입원 5,000만 원(종신), 종합통원 30만 원(종신)

  　　　　(홍길동;6,420원/김아내;10,140원)
- 총 보험료 : 122,360원(총 보험료가 납입 여력으로 가능)

해결안

① 현재 가입 여력으로 상기 보험 가입 시 보장자산 충족

② 추후 홍길동 씨의 경제적 가치 상승 시 추가 가입 필요

　- 5년 또는 10년 단위로 체크하여 추가 보장자산 준비 권유

③ 향후 자녀 출산 시 실손보험 중도부가 필요

연금보험을 통한 준비 방법

연금자산

　연금보험을 통해 노후를 준비하는 데는 몇 가지 기준이 있다. 연금보험에 가입하기 전에 이러한 기준들을 먼저 고려하여 자신에게 적합한 상품을 선택하는 것이 중요하다. 우선적으로 현재 나의 은퇴준비가 어떻게 되어 있는지 파악하는 것이 필요하다. 국민연금 가입 금액 예상 연금액, 퇴직연금 가입 여부와 예상 연금액 및 시점, 마지막으로 개인연금 준비 사항 등이다. 이를 토대로 본인이 원하는 은퇴 이후의 삶을 생각하며 은퇴 전략을 구상하는 것이다. 은퇴 후 생활비는 어느 정도로 하면 좋을지, 만일의 경우 대비한 보험은 있는지 등…. 만약 구상하는 노후 모습보다 준비가 떨어진다면 새로운 노후 전략이 필요할 것이다. 그 다음으로 현재 소득을 기준으로 납입 여력을 확보한다. 만일 그것으로도 본인이 원하는 은퇴의 모습이 그려지지 않는다면 자산의 현금화를 심각하게 고려해봐야 할 것이다. 즉 은퇴 후 자산 구성과 라이프사이클을 고려한 더 일하기 전략이다. 이런 네 가지 프로세스를 통해 합리적이며 체계적인 은퇴 전략을 마련하도록 해보자.

나의 은퇴준비 파악하기

현재 본인의 연금자산을 파악하려면 세 가지 측면에서 준비도를 알아보아야 한다.

첫째 국민연금 가입과 두 번째 퇴직연금 그리고 마지막으로 개인연금이다. 국민연금은 앞서 설명했듯이 전 국민이 의무적으로 가입하는 것이다. 따라서 특별한 경우를 제외하고서는 예외가 없다. 노후의 국민연금 규모를 파악할 수 있는 방법은 어렵지 않다. 바로 국민연금 홈페이지나 전화(국번없이 1355, 근무시간 08:00~19:00) 또는 각 지역에 있는 국민연금공단 산하 지사에 가면 정확하고 신속하게 알 수 있다. 지금 납입하고 있는 수준으로 언제까지 납입하면 언제부터 얼마의 금액이 나온다는 것을 바로 알 수 있다.

두 번째는 퇴직연금인데, 이는 퇴직금을 바탕으로 지급하므로 내가 만일 이 회사에서 퇴직한다면 그 시기가 언제이고 그에 따라 어느 정도 나올지 대략 가늠할 수 있다. 퇴직연금 가입자라면 본인이 가입한 금융기관에 상담하면 쉽게 예상 퇴직연금액을 알 수 있다. 물론 이는 근로소득자에게만 해당하므로 자영업을 하는 분들은 예외다.

마지막 개인연금 준비 부분은 현재 가입한 보험회사나 은행 등 금융기관에 직접 문의하면 된다. 단, 해당 금융기관에서 알려주는 연금액은 현재가치가 아니라 미래가치이므로 반드시 현가로 적용하여 예측을 해야 한다. 예를 들어 필자가 S생명의 모 연금보험에 가입했는데 12년 후인 60세부터 종신형 연금으로 1,500만 원이 나온다고 하면, 물가상승률 3%를 감안해 현가 적용을 하면 대략 12년간 현가율(1+0.03)의 11제곱을 하여 나온 계수가 1.38이다. 이를 1,500만 원으로 나누면 대략 1,080만 원 정도가 된다. 즉, 현재가치로 따지면 연간 1,080만 원 가량의 연금을 받을 수 있다는 말이다.

이렇게 국민연금, 퇴직연금, 그리고 개인연금으로 가능한 노후 준비금액을 특정연령시점에서 더하면 준비할 수 있는 연금액과 그 것을 12로 나누면 월평균 금액을 산출할 수 있다. 예를 들어 필자의 경우 국민연금을 60세까지 현재의 수준으로 납입할 경우 64세부터 현재가치로 120만 원 정도를 받을 수 있다. 퇴직연금은 54세까지 납입하고 55세부터 수령한다면 현재가치로 70만 원 정도이다. 마지막으로 개인연금이 위처럼 연간 1,080만 원, 월 90만 원 정도면 가능한 연금의 월평균 수령액은 120만 원+70만 원+90만 원, 즉 280만 원 정도의 월평균 연금 수령이 가능하다.

단, 여기서 연금의 발생시점은 상이하다. 가장 먼저 받는 연금은 퇴직연금이다. 위처럼 55세부터 수령이 가능하다. 두 번째가 60세부터 지급되는 개인연금이고, 마지막이 국민연금으로 64세부터 수령 가능하다. 위 세 가지 연금은 수령자의 편의를 위해 수령시점을 조절할 수 있다. 가능하다면 라이프사이클을 통해 돈이 부족할 수 있는 시점을 기준으로 통합할 수도 있다. 반면 자금의 흐름을 파악해 세 가지 연금의 시점을 각기 다르게 하여 자금의 효율성을 높일 수도 있다. 결론적으로 독자들의 상황과 취향에 따라 다양한 선택이 가능하니 많이 준비하는 것이 우선이다. 연금 수령에 대해서 본인이 파악하기 어렵다면 국민연금지사나 잘 아는 재무전문가에게 보다 구체적으로 상담을 받길 권한다.

추구하는 노후의 삶 그리기

위의 방법을 통해 현재의 내 모습을 보았다면 이제는 미래의 내 모습을 그릴 차례다. 가능하면 풍요롭고 여유로운 모습으로 그려보자. 노후 모습을 그려가는 방법에도 몇 가지 염두에 둘 사항들이 있다. 이에 대해서는 삼성생명 은퇴연구소에서 만든 100년 플랜에서 제시한 내용을 참고하겠다.

첫째, 은퇴 후 생활비 규모를 파악해야 한다. 은퇴 후 지출되는 생활비는 크게 기본적인 월 생활비와 의료비, 장기요양비, 취미생활비 등으로 이루어진다. 이러한 요소들을 고려하여 은퇴 이후에 기본적인 월 생활비가 얼마 정도 필요할 것인지 미리 예상해보는 것이 필요하다. 은퇴 후 생활비를 산정하는 방법에는 크게 네 가지가 있다.

　첫째, 은퇴 이전 생활비의 일정 비율을 생활비로 정하는 것이다. 개인마다 차이가 있겠지만 대략 70~80%의 비율로 계산하는 것이 일반적이다. 만약 은퇴 이전에 매월 300만 원을 생활비로 사용했다면 300만 원의 70~80%인 210만 원에서 240만 원 정도를 은퇴 이후의 월 생활비로 정할 수 있다.

　둘째, 통계청에서 발표하는 전국 노인가구의 평균생활비가 기준이 될 수 있다. 2009년의 통계청 자료에 따르면 전국 65세 이상 노인 가계의 평균지출은 155만 원 선이다. 이를 바탕으로 노후의 생활비를 가늠해볼 수 있을 것이다. 그러나 이러한 수치는 지금 현재의 경제 상황과 사회적 여건을 반영한 것이기 때문에 여러 가지 변수를 고려해야만 한다. 앞으로 노인들의 라이프스타일은 지금과 확연히 달라질 수밖에 없기 때문에 지출 규모나 내역에 있어서 차이를 보일 것으로 예상된다.

　셋째, 여러 금융회사나 연구소에서 조사한 자료를 바탕으로 생활비를 정할 수 있다. 삼성생명 FP센터가 2010년에 상담고객 512명을 대상으로 설문조사한 결과에 따르면, 은퇴 후 필요할 것이라고 예상하는 노후생활비로 200~300만 원을 꼽은 사람이 32.7%에 달했다. 300~500만 원 미만이라고 답한 사람은 27.4%, 100~200만 원 미만이라고 답한 사람은 19.6%였다. 이러한 자료를 토대로 일반적인 노후생활비 규모를 예측해볼 수 있다.

넷째, 자신의 은퇴 이후 라이프스타일을 먼저 정하고, 이에 맞춰 생활비를 예측해보는 것이다. 이 방법은 생활비를 지나치게 많거나 적게 예측할 수 있다는 점에 주의해야 한다. 앞서 말한 일반적인 노후생활비 산정 기준을 바탕으로 하되, 자신의 라이프스타일을 반영하여 차이를 두는 방법이 적절할 것이다. 건강 상태로 인해 의료비 지출이 클 것으로 예상하는 경우, 지출이 큰 취미생활이나 기부활동을 정기적으로 하는 경우, 이사하여 전원생활을 계획하는 경우 등에는 평균 노후생활비에서 일정액을 가감하여 생활비를 예상하도록 한다.

위와 같은 방법들로 은퇴 후 생활비 규모를 예측했다면, 그 다음에는 은퇴 후 지출될 것으로 예상하는 의료비를 파악해야 한다. 2010년 우리나라 건강보험의 65세 이상 의료비는 13조 7,847억 원으로, 전체 의료비인 43조 6,570억 원의 31.6%를 차지했다. 전체 인구 중 65세 이상 고령자의 비중이 11%임을 감안하면 상당히 큰 수치다. 노후에 사용되는 의료비는 크게 일상적인 병원비, 거액의 병원비, 장기요양비 등으로 나눌 수 있다.

이러한 항목별 예상 의료비를 살펴보면 다음과 같다.

· 일상적인 병원비 – 일반적으로 노후에는 만성질환 등으로 인해 통원 치료 수준의 일상적인 병원비가 많이 든다. 우리나라는 건

강보험제도가 비교적 잘 갖춰져 있기 때문에 일상적인 병원비는 생활비에 포함하여 계산할 수 있다.

· **거액의 병원비** – 통계청 2011년에 발표한 〈고령자 통계〉에 따르면 지난 10년 동안 65세 이상 고령자의 사망 원인은 암, 뇌혈관 질환, 심장질환의 순이었다. 전체 한국인의 사망 원인 중에서도 1위를 차지하는 암은 치료비가 많이 드는 무서운 병으로 유명하다. 그렇다면 암에 걸릴 경우 구체적으로 어느 정도의 비용이 치료비로 소요될까? 국립암센터와 질병관리본부에서 2009년에 발표한 자료에 따르면, 암으로 진단받은 후 들어가는 총 의료비(간병비 포함)는 폐암이 3,200만 원 정도이고 유방암이 2,461만 원, 위암이 2,036만 원 정도라고 한다. 게다가 암이 발병하면 더 이상 일을 할 수 없게 되는 경우가 대부분이기 때문에 소득 없이 지출만 계속 늘어나 가계 부담이 가중될 가능성이 크다.

· **장기요양비** – 치매나 뇌졸중, 당뇨와 같은 노인성 질환은 수술로 단번에 해결할 수 없기 때문에 장기적인 치료가 필요하다. 많은 환자들이 집에서 치료받는 것을 선호하지만, 투병 기간이 길어질수록 집에서 치료받는 것이 힘들어진다. 결국 치료를 포기하고 마는 사례도 적지 않다. 따라서 적절한 치료를 받으면서 동시에 정신적 안정을 얻을 수 있는 요양시설의 이용을 고려하는 것도 하나의 방안이 될 수 있다. 요양병원이나 요양원 같은 시설을 이용할 경

우 정부보조를 받을 수 있지만, 적지 않은 금액을 개인이 부담해야 한다. 요양원의 경우 월 약 50~70만 원, 요양병원의 경우 월 약 80~250만 원의 비용이 든다. 경제적인 여유가 된다면 이러한 요양 시설의 이용 가능성을 염두에 두고 의료비를 계산하여 연금보험을 설계하는 것도 좋을 것이다.

납입여력 파악하기

세 번째는, 나의 연금보험료 납입 가능금액을 파악하는 것이다. 앞서 보장성보험을 통한 보장자산 준비 때도 언급했지만 현 상황에서 가능하다면 많은 준비를 하면 좋을 것이나, 가계재무 상황을 고려한 합리적인 납입 여력 확보도 노후준비에 매우 중요하다. 단, 납입 여력은 국민연금이나 퇴직연금에 들어가는 금액은 제외하고 순수히 개인연금 준비에 투입되는 금액으로만 한정한다.

적당한 규모는 앞서 언급한 바 소득 규모에 따라 다음과 같이 정리 할 수 있다.

고소득 15%, 중산층 10%, 저소득 5%

만일 부족한 자금의 규모가 상당히 크다면 조달할 수 있는 방법을 계획해봐야 한다. 즉 현재 준비하고 있는 연금자산에 비해 필요한 노후자금 예상액이 많다면 부족한 부분을 산출하여 이를 마련할 수 있는 방안을 찾아야 한다. 다음에서 소개하는 '더하기 법'과 '줄이기 법'을 잘 활용한다면 부족함이 없는 연금자산을 준비할 수 있을 것이다. 이를 통해 자신이 희망하는 노후의 삶, 어려움과 불안감이 없는 은퇴 이후의 인생에 한걸음 더 다가가보자.

더하기 법

· 계속 일을 해서 소득 기간을 늘린다 – 퇴직하지 않아도 되는 직업으로 바꾸거나 창업 등을 통해 스스로를 고용하기, 서서히 은퇴하기 등과 같이 계속 일을 해서 소득을 늘릴 수 있는 방법을 찾는 것이다.

· 길게 저축하고 적립식으로 투자한다 – 60세 은퇴 시점에 3억 원의 자금(기대수익률 4% 가정)을 마련하려는 목표를 세웠다고 가정해보자. 40대부터 은퇴준비를 시작한다면 월 82만 원을 저축해야 하지만 10년 일찍 30대부터 시작한다면 절반 정도인 월 43만 원이면 가능하다. 그리고 20대부터 시작하면 월 25만 원으로 줄어든다. 이처럼 은퇴준비를 일찍 시작해서 오랫동안 저축한다면 적은 금액으로도 충분한 준비가 가능하다.

줄이기 법

· 집 줄이기를 가장 먼저 고려한다 - 집의 크기를 줄이거나 집값이 더 싼 지역으로 이사 가면 여윳돈을 마련할 수 있다. 이 돈을 즉시연금과 같은 금융상품을 활용해 연금화한다면 부족한 은퇴생활비를 마련할 수 있다.

· 은퇴 이후에 필요한 생활비를 줄인다 - 예를 들어 집이나 자동차의 크기를 줄이면 관리비 등이 줄어들어 생활비를 아끼는 데 보탬이 된다. 생활비가 적게 드는 곳으로 이사하는 것도 한 방법이다.

· 자녀의 교육비 및 결혼자금을 줄인다 - 다른 생활비는 줄여도 자녀의 교육비만큼은 줄일 수 없다는 것이 우리나라 대부분 부모들의 생각이다. 결혼자금을 자녀 혼자 해결할 수 없어 부모가 대신 해주는 경우도 다반사다. 그러나 자녀 때문에 은퇴준비를 제대로 못 한다면 장기적으로는 자녀들에게 큰 부담을 줄 수도 있다. 자녀와의 대화를 통해 교육비나 결혼준비자금을 줄이거나 직접 마련하도록 유도하는 등 합리적인 해결책을 찾도록 하자.

■ 사례 연구에 앞서 몇 가지 짚고 넘어갈 문제가 있다. 사례 연구의 목적은 부족한 노후자금을 정확히 파악하여 지금부터 어떤 방법으로 준비를 할 것인가이다. 그러나 세 가지 연금의 수령시기가 다르고 그에 따른 '돈의 가치'를 어떻게 적용해야 할 것인가에 대한 문제가 있다.

예를 들어 55세의 100만 원과 65세의 100만 원의 가치는 다른 것이다. 또한 흔히 사용하는 물가상승률의 기준을 몇 %로 할 것인가에 따라 그 크기가 커질 수도 작아질 수도 있다. 따라서 정확한 잣대로 측정하기 어려운 점이 있다. 무엇보다 중요한 것은 사례 연구에서 정확한 금액보다는 부족한 노후자금을 어떤 식으로 접근하여 어떻게 준비하는가를 큰 그림으로 보는 것이다. 따라서 다소의 차이가 있는 부분에 대해서는 독자들의 양해를 구한다. 좀 더 정확한 금액을 원한다면 금융회사의 전문가들에게 조언을 구하거나 본인이 가입한 금융회사의 담당자들에게 의뢰하면 쉽게 답을 얻을 수 있을 것이다.

■ 사례연구는 실제 사례를 바탕으로 가정한 내용으로, 컨설팅 전문가에 따라 달라질 수 있음.

■ 예시된 금액은 금융회사별, 상품별 내용에 따라 달라질 수 있음.

■ 사례 연구 1(30대 직장인)

가족사항 : 홍길동(35세), 김아내(32세), 홍아들(5세), 홍따님(3세)

직장사항 : 홍길동 씨는 ○○전자 입사 5년차 대리,

55세 현 직장 퇴직 예정

경제상황 : 현 연소득 4,500만 원, 월 생활비 300만 원, 저축(50만 원)·

보험(20만 원)

현재 신도시 아파트 33평 전세(시가 2억)

연금가입 : 국민연금 최고 기준 가입/퇴직연금 가입/개인 연금 미가입

■ 설계포인트

구분		예상액(현재 금액 기준)	연금수령 시기	희망 노후자금	준비된 노후자금	부족분	설계 팁
설계 포인트	국민연금	120만 원	65세	55세 : 300만 원 65세 : 300만 원	55세 : 70만 원 65세 : 175만 원	55세 : 230만 원 65세 : 125만 원	1.연금 가입 55세부터 수령 가능한 연금 가입 2. 줄이기 노후에 자택 줄이기 40만 원 정도 연금 재원 마련 가능 3. 더하기 65세까지 일할 수 있는 건강, 능력 만들기
	퇴직연금	70만 원	55세				
	개인연금						

* 65세 준비된 노후자금 175만 원 :
국민연금 120만 원 + 퇴직연금 55만 원(55세 시점 70만 원의 10년간 가치 하락 반영)
* 위 금액은 계산의 편의상 5만 원 단위로 표기하였음.
예, 122만 원 → 120만 원, 57만 원 → 55만 원 등

■ 추가 가입 포인트

납입 여력

- 소득의 10% : 월 40만 원 내외
- 현재 연금 납입 없음. 추가 40만 원 가능

  * 월 40만 원 연금 가입시(20년 납), 55세에 월 70만 원 정도 수령 가능

설계 포인트

- 55세 : 국민연금(0) + 퇴직연금(70만 원) + 개인연금(70만 원)

  ➜ 140만 원 예상(-160만 원)

  + 일 더하기(65세까지 월 100만 원 이상 소득)

  ➜ -60만 원

- 65세 : 국민연금(120만 원) + 퇴직연금(55만 원) + 개인연금(55만 원) ➜ 230만 원 예상(-70만 원)

  + 집 줄이기(집 줄여 현금 1억 마련 후 즉시 연금 가입 ; 40만 원 확보) ➜ -30만 원

  * 65세에 퇴직연금과 개인연금이 70만 원 → 55만 원으로 줄어든 이유는 10년간 물가상승에 따른 가치 하락

  * 계산의 편의를 위해 5만 원 단위로 표기

• 홍길동 씨는 55세 시점에 순수 연금으로 140만 원 정도 수령 가능하다. 현재 국민연금을 납입 중이나 노령연금 수령시점이 65세부터이므로 55세에는 받을 수 없다. 일 더하기를 통해 월 100만 원 정도 소득을 확보한다면 240만 원 정도 소득이 가능하다. 그래도 본인이 원하는 소득 300만 원에는 미치지 못한다. 따라서 55세 시점의 희망노후소득을 줄여 잡거나, 현재부터 지출을 줄여 추가 저축 또는 연금 준비가 필요하다.

• 65세부터는 국민연금이 월 120만 원 정도 확보된다. 또한 55세부터 수령하기 시작한 개인연금과 퇴직연금도 계속 이어진다. 그러나 개인연금과 퇴직연금의 경우는 물가상승률을 반영한다면 55세 기준으로 20% 정도 낮은 110만 원 정도 예상된다. 이럴 경우 230만 원 정도 연금 수령이 가능하다. 본인이 원하는 월 300만 원을 달성하기 위해서는 자녀가 출가하는 시점에 부동산을 처분하여 현금 1억, 월 연금액 40만 원 정도를 확보한다면 270만 원으로 30만 원 정도 부족한 노후소득을 확보할 수 있다.

■ 사례 연구 2(40대 직장인)

가족사항 : 홍길동(45세), 김아내(42세), 홍아들(15세), 홍따님(13세)

직장사항 : 홍길동 씨는 ○○전자 입사 15년차 차장,

55세 현직장 퇴직 예정

경제상황 : 현 연소득 6,000만 원, 월 생활비 400만 원,

저축(50만 원)·보험(20만 원)·연금(30만 원)

현재 신도시 아파트 33평 소유(시가 3억)

연금가입 : 국민연금 가입/퇴직연금 가입/개인 연금 가입(30만 원)

■ 설계포인트

구분		예상액 (현재 금액 기준)	연금 수령 시기	희망 노후 자금	준비된 노후 자금	부족분	설계 팁
설계 포인트	국민 연금	120만 원	65세	55세 : 300만 원 65세 : 300만 원	55세 : 100만 원 65세 : 200만 원	55세 : 200만 원 65세 : 100만 원	1. 연금 가입 55세부터 수령 가능한 연금 추가 가입 2. 줄이기 노후에 자택 줄이기 40만 원 정도 연금 재 원 마련 가능 3. 더하기 65세까지 일할 수 있 는 건강, 능력 만들기
	퇴직 연금	70만 원	55세				
	개인 연금	30만 원	55세				

＊ 65세 준비된 노후자금 200만 원 :
　국민연금 120만 원 + 퇴직연금 55만 원(55세 시점 70만 원의 10년간 가치 하락 반영) + 개인
　연금 25만 원(55세 시점 30만 원의 10년간 가치 하락 반영)
＊ 위 금액은 계산의 편의상 5만 원 단위로 표기하였음.
　예, 122만 원 → 120만 원, 57만 원 → 55만 원 등

■ 추가 가입 포인트

납입 여력

- 소득의 10% : 월 50만 원 내외
- 현재 30만 원 연금 가입. 추가 20만 원 가능

  * 월 20만 원 연금가입시(10년 납) 55세에 월 10만 원 정도 수령 가능

설계 포인트

- 55세 : 국민연금(0) + 퇴직연금(70만 원) + 개인연금(30만 원;기존

  +10만 원;추가) ➡ 110만 원 예상(-190만 원)

  + 일 더하기(65세까지 월 100만 원 이상 소득)

  ➡ -90만 원
- 65세 : 국민연금(120만 원) + 퇴직연금(55만 원) + 개인연금(30만

  원) ➡ 205만 원 예상(-95만 원)

  + 집 줄이기(집 줄여 현금 1억 마련 후 즉시 연금 가입 ; 40만

  원 확보) ➡ -55만 원

  * 65세에 퇴직연금과 개인연금이 줄어든 이유는 10년간 물가

    상승에 따른 가치 하락

  * 계산의 편의를 위해 5만 원 단위로 표기

■ 해설

• 홍길동 씨는 55세 시점에 순수 연금으로 110만 원 정도 수령 가능하다. 현재 국민연금을 납입 중이나 노령연금 수령시점이 65세부터이므로 55세에는 받을 수 없다. 일 더하기를 통해 월 100만 원 정도 소득을 확보한다면 210만 원 정도 소득이 가능하다. 그래도 본인이 원하는 소득 300만 원에는 미치지 못한다. 따라서 55세 시점의 희망노후소득을 줄여 잡거나, 현재부터 지출을 줄여 추가 저축 또는 연금 준비가 필요하다.

• 65세부터는 국민연금이 월 120만 원 정도 확보된다. 또한 55세부터 수령하기 시작한 개인연금과 퇴직연금도 계속 이어진다. 그러나 개인연금과 퇴직연금의 경우는 물가상승률을 반영한다면 55세 기준으로 20% 정도 낮은 85만 원 정도 예상된다. 이럴 경우 205만 원 정도 연금 수령이 가능하다. 본인이 원하는 월 300만 원을 달성하기 위해서는 자녀가 출가하는 시점에 부동산을 처분하여 현금 1억, 월 연금액 40만 원 정도를 확보한다면 245만 원으로 55만 원 정도 부족한 노후소득을 확보할 수 있다.

■ 사례 연구3(30대 자영업)

가족사항 : 홍길동(35세), 김아내(32세), 홍아들(5세), 홍따님(3세)

직장사항 : 홍길동 씨는 현재 인테리어 사업 중.

65세까지 현업 유지 예정

경제상황 : 현 연소득 4,000만 원, 월 생활비 250만 원,

저축(50만 원)·보험(20만 원)·연금(20만 원)

현재 신도시 아파트 33평 전세(시가 2억)

연금가입 : 국민연금 가입(월 20만 원)/개인 연금 가입(월 20만 원)

■ 설계포인트

구분		예상액 (현재 금액 기준)	연금 수령 시기	희망 노후 자금	준비된 노후 자금	부족분	설계 팁
설계 포인트	국민연금	100만 원	65세	55세 : 300만 원 65세 : 300만 원	55세 : 30만 원 65세 : 125만 원	55세 : 270만 원 65세 : 175만 원	1. 연금 가입 55세부터 수령 가능한 연금 추가 가입 2. 줄이기 노후에 자택 줄이기 40만 원 정도 연금 재원 마련 가능 3. 더하기 65세까지 일할 수 있는 건강, 능력 만들기
	퇴직연금						
	개인연금	30만 원	55세				

* 65세 준비된 노후자금 125만 원 :
 국민연금 100만 원 + 개인연금 25만 원(55세 시점 30만 원의 10년간 가치 하락 반영)
* 위 금액은 계산의 편의상 5만 원 단위로 표기하였음.
 예, 102만 원 → 100만 원, 24만 원 → 25만 원 등

■ 추가 가입 포인트

납입 여력

- 소득의 10% : 월 35만 원 내외
- 현재 20만 원 연금 가입. 추가 15만 원 가능

    * 월 15만 원 연금 가입시(20년 납) 55세부터 월 20만 원 수령 가능

설계 포인트

- 55세 : 국민연금(0) + 개인연금(30만 원;기존+20만 원;추가)

    ➜ 50만 원 예상(-250만 원)

    + 일 더하기(65세까지 월 100만 원 이상 소득)

    ➜ -150만 원

- 65세 : 국민연금(100만 원) + 개인연금(40만 원)

    ➜ 140만 원 예상(-160만 원)

    + 집 줄이기(집 줄여 현금 1억 마련 후 즉시 연금 가입 ; 40만 원 확보) ➜ -120만 원

    * 65세에 개인연금이 줄어든 이유는 10년간 물가상승에 따른 가치 하락

    * 계산의 편의를 위해 5만 원 단위로 표기

■ 해설

- 홍길동 씨는 55세 시점에 순수 연금으로 50만 원 정도 수령 가능하다. 현재 국민연금을 납입 중이나 노령연금 수령시점이 65세부터이므로 55세에는 받을 수 없다. 일 더하기를 통해 월 100만 원 정도 소득을 확보한다면 150만 원 정도 소득이 가능하다. 그래도 본인이 원하는 소득 300만 원에는 미치지 못한다. 따라서 55세 시점의 희망노후소득을 즐여 잡거나, 현재부터 지출을 줄여 추가저축 또는 연금 준비가 필요하다.

- 65세부터는 국민연금이 월 100만 원 정도 확보된다. 또한 55세부터 수령하기 시작한 개인연금도 계속 이어진다. 그러나 개인연금의 경우는 물가상승률을 반영한다면 55세 기준으로 20% 정도 낮은 40만 원 정도 예상된다. 이럴 경우 140만 원 정도 연금 수령이 가능하다. 본인이 원하는 월 300만 원을 달성하기 위해서는 자녀가 출가하는 시점에 부동산을 처분하여 현금 1억, 월 연금액 40만 원 정도를 확보한다면 180만 원으로 120만 원 정도 부족한 노후소득을 확보할 수 있다.

■ 사례 연구 4(40대 자영업)

가족사항 : 홍길동(45세), 김아내(42세), 홍아들(13세), 홍따님(10세)

직장사항 : 홍길동 씨는 현재 카센터 운영.

65세까지 현업 유지 예정

경제상황 : 현 연소득 5,000만 원, 월 생활비 300만 원,

저축(80만 원)·보험(20만 원)·연금(20만 원)

현재 신도시 아파트 33평 소유(시가 3억)

연금가입 : 국민연금 가입(월 20만 원)/개인 연금 가입(월 20만 원)

■ 설계포인트

구분		예상액 (현재 금액 기준)	연금 수령 시기	희망 노후 자금	준비된 노후 자금	부족분	설계 팁
설계 포인트	국민연금	100만 원	65세	55세 : 300만 원 65세 : 300만 원	55세 : 30만 원 65세 : 125만 원	55세 : 270만 원 65세 : 175만 원	1. 연금 가입 55세부터 수령 가능한 연금 추가 가입 2. 줄이기 노후에 자택 줄이기 40만 원 정도 연금 재원 마련 가능 3. 더하기 65세까지 일할 수 있는 건강, 능력 만들기
	퇴직연금						
	개인연금	30만 원	55세				

* 65세 준비된 노후자금 125만 원 :
  국민연금 100만 원 + 개인연금 25만 원(55세 시점 30만 원의 10년간 가치 하락 반영)
* 위 금액은 계산의 편의상 5만 원 단위로 표기하였음.
  예, 102만 원 → 100만 원, 24만 원 → 25만 원 등

■ 추가 가입 포인트

납입 여력

- 소득의 10% : 월 40만 원 내외
- 현재 20만 원 연금 가입. 추가 20만 원 가능

  * 월 20만 원 연금 가입시(10년 납) 55세부터 월 10만 원 수령 가능

설계 포인트

- 55세 : 국민연금(0) + 개인연금(30만 원;기존+10만 원;추가)

  ➡ 40만 원 예상(-260만 원)

  + 일 더하기(65세까지 월 100만 원 이상 소득) ➡ -160만 원
- 65세 : 국민연금(100만 원) + 개인연금(30만 원)

  ➡ 130만 원 예상(-170만 원)

  + 집 줄이기(집 줄여 현금 1억 마련 후 즉시 연금 가입 ; 40만

  원 확보) ➡ -130만 원

  * 65세에 개인연금이 줄어든 이유는 10년간 물가상승에 따른

    가치 하락

  * 계산의 편의를 위해 5만 원 단위로 표기

• 홍길동 씨는 55세 시점에 순수 연금으로 40만 원 정도 수령 가능하다. 현재 국민연금을 납입 중이나 노령연금 수령시점이 65세부터이므로 55세에는 받을 수 없다. 일 더하기를 통해 월 100만 원 정도 소득을 확보한다면 140만 원 정도 소득이 가능하다. 그래도 본인이 원하는 소득 300만 원에는 미치지 못한다. 따라서 55세 시점의 희망노후소득을 줄여 잡거나, 현재부터 지출을 줄여 추가저축 또는 연금 준비가 필요하다.

• 65세부터는 국민연금이 월 100만 원 정도 확보된다. 또한 55세부터 수령하기 시작한 개인연금도 계속 이어진다. 그러나 개인연금의 경우는 물가상승률을 반영한다면 55세 기준으로 20% 정도 낮은 30만 원 정도 예상된다. 이럴 경우 130만 원 정도 연금 수령이 가능하다. 본인이 원하는 월 300만 원을 달성하기 위해서는 자녀가 출가하는 시점에 부동산을 처분하여 현금 1억, 월 연금액 40만 원 정도를 확보한다면 170만 원으로 130만 원 정도 부족한 노후소득을 확보할 수 있다.

나의 라이프사이클
그려보기

Life
Cycle

나의 라이프사이클 그려보기 : 근로소득자

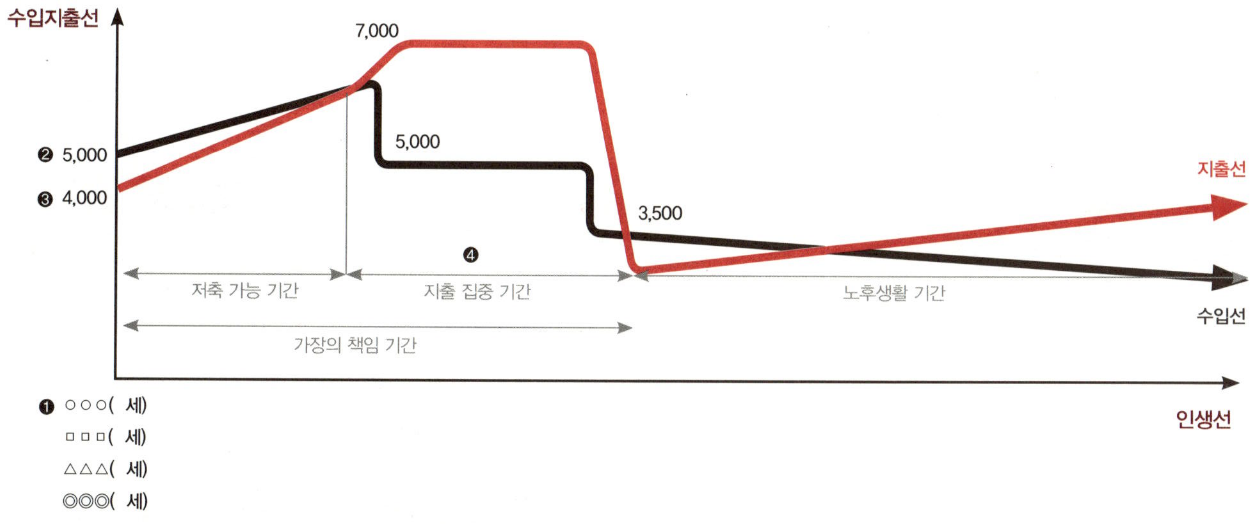

수입지출선

② 5,000
③ 4,000

지출선
수입선
인생선

노후생활 기간

3,500

④
지출 집중 기간

7,000
5,000

가장의 책임 기간

저축 가능 기간

❶ ○○○(세)
□□□(세)
△△△(세)
◎◎◎(세)

1. 가로축(인생의 선)에 가장과 가족의 이름, 현재 나이를 적고, 10년 단위로 나이를 길에 표기한다.

2. 수입지출선에 현재 연소득을 적는다.
- 시간의 흐름에 따라 올라감과 내려옴을 예상해 그린다.
- 근로소득자의 경우 예상 퇴직 시점까지 우상향하고, 그 시점에서 수직 하락한 후, 퇴직 후 예상하는 일에 따른 수입선을 그려나간다.
- 각 시점에 예상되는 연소득을 표기한다.

3. 수입지출선에 현재 연지출액을 적는다.
- 시간의 흐름에 따라 올라감과 내려옴을 예상해 그린다.
- 첫째 아이가 대학에 입학하는 시점(20세)에 수입선과 지출선이 만나도록 그린다.
- **소득이 많은 분이라면 꼭 그렇게 할 필요는 없다. 그 시점에 예상 지출을 그려나간다.**
- 막내 아이의 예상 결혼 시점까지 지출선이 수입선을 초과하게 그려나간다.
- 그 후 지출선은 급락하도록 그린다.
- 60대 중반 이후부터는 지출선이 다시 서서히 올라가도록 그린다.

4. 기간별로 저축 가능 기간, 지출 집중 기간, 노후생활 기간을 표시한다.
- 저축 가능 기간과 지출 집중 기간을 함하여 가장이 책임 기간으로 표기한다.

5. 만일의 경우를 상정하여 그려본다(4상 만일의 경우를 예상한 인생 주기 참고).
- 특정 시점에서 소득이 바닥으로 급락하도록 그린다.
- 그 시점에서 지출은 급등하도록 그린다.
- 그 차이를 빗금으로 메운다.

워크시트 2

나의 라이프사이클 그려보기 : 자영업자

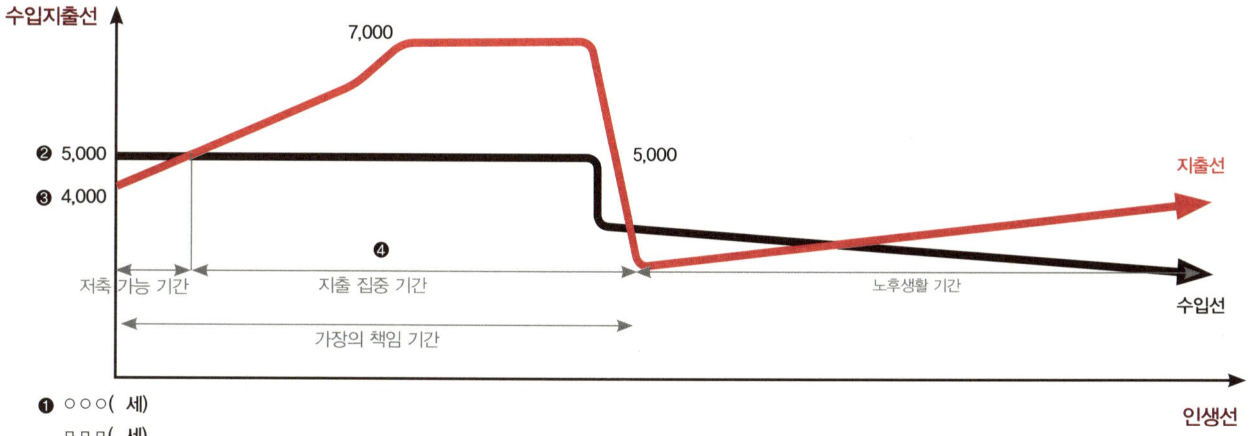

수입지출선

지출선

수입선

인생선

① ○○○(세)
□□□(세)
△△△(세)
○○○(세)

② 5,000

③ 4,000

7,000

5,000

④

자족 가능 기간

자출 집중 기간

가장의 책임 기간

노후생활 기간

1. 가로축(인생의 선)에 가장과 가족의 이름, 현재 나이를 적고, 10년 단위로 나이를 끊어 표기한다.

2. 수입지출선에 현재 연소득을 적는다.
- 시간의 흐름에 따라 올라감과 내려옴을 예상해 그린다.
- 자영업자의 경우 예상 퇴직 시점까지 우평행하고, 예상되는 은퇴 시점에서 수직 하락하도록 수입선을 그려나간다.
- 각 시점에 예상되는 연소득을 작성한다.

3. 수입지출선에 현재 연지출액을 적는다.
- 시간의 흐름에 따라 올라감과 내려옴을 예상해 그린다.
- 첫째 아이가 대학에 입학하는 시점(20세)에 수입선과 지출선이 만나도록 그린다.
- ■ 소득이 많은 분이라면 꼭 그렇게 할 필요는 없다. 그 시점에 예상 지출을 그려나간다.
- 막내 아이의 예상 결혼 시점까지 지출선이 수입선을 초과하게 그려나간다.
- 그 후 지출선은 급락하도록 그린다.
- 60대 중반 이후부터는 지출선이 다시 서서히 올라가도록 그린다.

4. 기간별로 저축 가능 기간, 지출 집중 기간, 노후생활 기간을 표시한다.
- 저축 가능 기간과 지출 집중 기간을 함하여 가정의 책임 기간으로 표기한다.

5. 만일의 경우를 상정하여 그려본다(4장 만일의 경우를 예상한 인생 주기 참고).
- 특정 시점에서 소득이 바닥으로 급락하도록 그린다.
- 그 시점에서 지출은 급등하도록 그린다.
- 그 차이를 빗금으로 메운다.

나의 라이프사이클 그려보기 : 맞벌이 가구(근로소득자+자영업자)

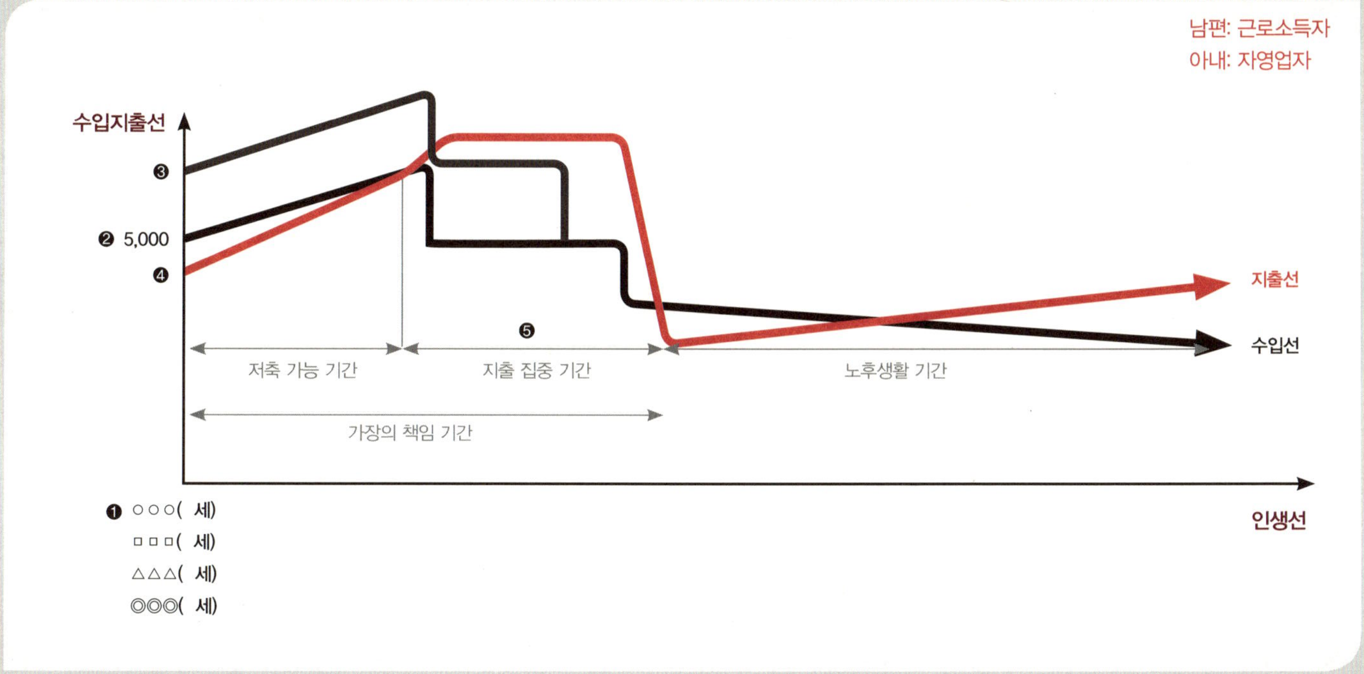

남편: 근로소득자
아내: 자영업자

지출선

수입선

인생선

수입지출선

❸

❷ 5,000

❹

노후생활 기간

지출 집중 기간

저축 가능 기간

가정의 책임 기간

❺

❶ ○○○(세)
□□□(세)
△△△(세)
◎◎◎(세)

1. 가로축(인생의 선)에 가장과 가족의 이름, 현재 나이를 적고, 10년 단위로 나이를 많이 표기한다.

2. 수입지출선에 현재 연소득을 적는다.
- 시간의 흐름에 따라 올라감과 내려옴을 예상해 그린다.
- 자영업자의 경우 예상 퇴직 시점까지 우평행하고, 예상되는 은퇴 시점에서 수직 하락하도록 수입선을 그려나간다.
- 각 시점에 예상되는 연소득을 표기한다.

3. 배우자의 연소득을 가장의 수입선 위에 그린다.
- 금액은 가장의 연소득에 합산하여 가장의 수입선 위에 표기한다.
- 기간도 가장의 수입선에 따라 작성한다.
■ 배우자가 자영업자이기 때문에 가장의 수입선에 평행하게 그린다.

4. 수입지출선에 현재 연지출액을 적는다.
- 시간의 흐름에 따라 올라감과 내려옴을 예상해 그린다.
- 첫째 아이가 대학에 입학하는 시점(20세)에 수입선과 지출선이 만나도록 그린다.
■ 소득이 많은 분이라면 꼭 그렇게 할 필요는 없다. 그 시점에 예상 지출을 그려나간다.
- 막내 아이의 예상 결혼 시점까지 지출선이 수입선을 초과하게 그려나간다.
- 그 후 지출선은 급락하도록 그린다.
- 60대 중반 이후부터는 지출선이 다시 서서히 올라가도록 그린다.

5. 기간별로 저축 가능 기간, 지출 집중 기간, 노후생활 기간을 표시한다.
- 저축 가능 기간과 지출 집중 기간을 합하여 가장의 책임 기간으로 표기한다.

6. 만일의 경우를 상정하여 그려본다(4장 만일의 경우를 예상한 인생 주기 참고).
- 특정 시점에서 소득이 바닥으로 급락하도록 그린다.
- 그 시점에서 지출은 급등하도록 그린다.
- 그 차이를 빚으로 메운다.

워크시트 4

나의 라이프사이클 그려보기 : 맞벌이 가구(자영업자+근로소득자)

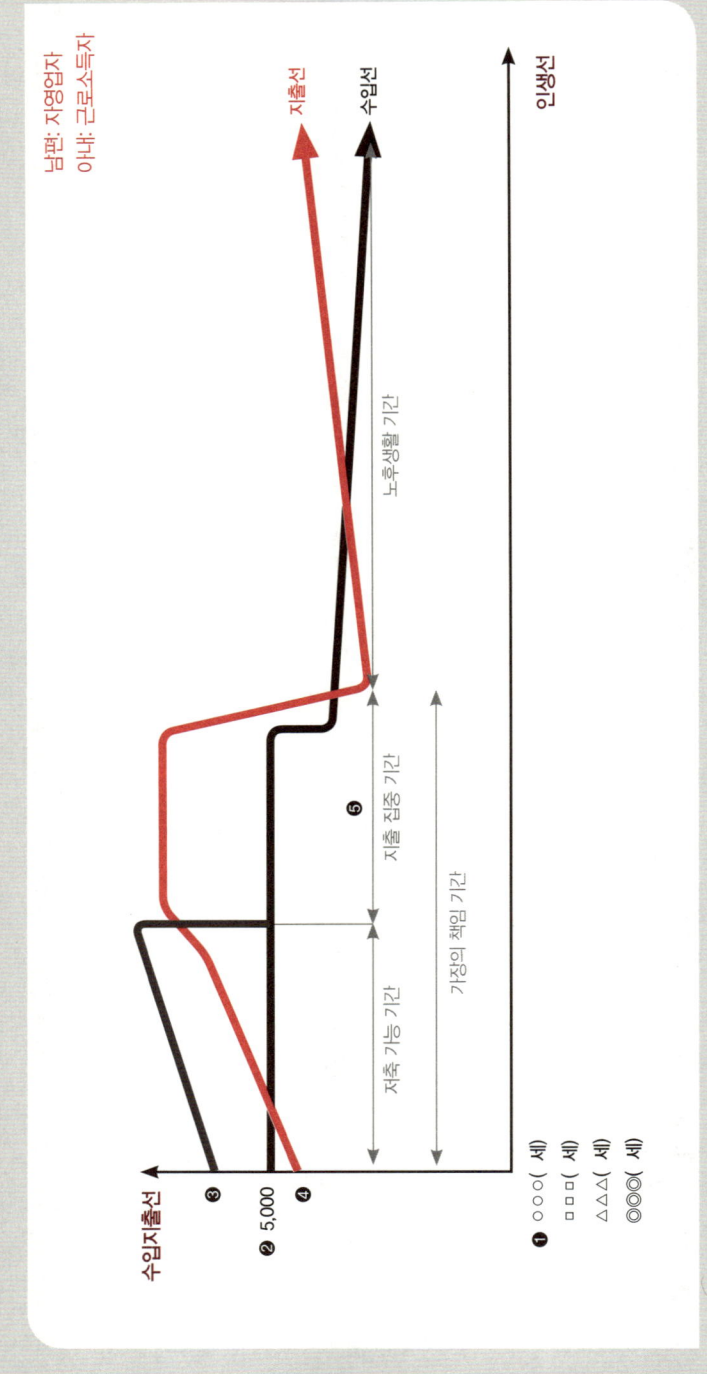

남편: 자영업자
아내: 근로소득자

지출선

수입선

인생선

노후생활 기간

지출 집중 기간

⑤

가장의 책임 기간

저축 가능 기간

수입지출선

❸

❷ 5,000

❹

❶ ○○○(세)
  □□(세)
  △△△(세)
  ◎◎◎(세)

1. 가로축(인생의 선)에 가장과 가족의 이름, 현재 나이를 적고, 10년 단위로 나이를 끊어 표기한다.

2. 수입지출선에 현재 연소득을 적는다.
- 시간의 흐름에 따라 올라감과 내려옴을 예상해 그린다.
- 자영업자의 경우 예상 퇴직 시점까지 우평행하고, 예상되는 은퇴 시점에서 수직 하락하도록 수입선을 그려나간다.
- 각 시점에 예상되는 연소득을 표기한다.

3. 배우자의 연소득을 가장의 수입선 위에 그린다.
- 금액은 가장의 연소득에 합산해서 가장의 수입선 위에 표기한다.
- 기간도 가장의 수입선에 따라 작성한다.
- 배우자가 근로소득자이기 때문에 가장의 수입선보다 좀 더 가파르게 그린다.

4. 수입지출선에 현재 연지출액을 적는다.
- 시간의 흐름에 따라 올라감과 내려옴을 예상해 그린다.
- 첫째 아이가 대학에 입학하는 시점(20세)에 수입선과 지출선이 만나도록 그린다.

■ 소득이 많은 분이라면 꼭 그렇게 할 필요는 없다. 그 시점에 예상 지출을 그려나간다.
- 막내 아이의 예상 결혼 시점까지 지출선이 수입선을 초과하게 그려나간다.
- 그 후 지출선은 급락하도록 그린다.
- 60대 중반 이후부터는 지출선이 다시 서서히 올라가도록 그린다.

5. 기간별로 저축 가능 기간, 지출 집중 기간, 노후생활 기간을 표시한다.
- 저축 가능 기간과 지출 집중 기간을 합하여 가장의 책임 기간으로 표기한다.

6. 만일의 경우를 상정하여 그려본다(4장 만일의 경우를 예상한 인생 주기 참고).
- 특정 시점에서 소득이 바닥으로 급락하도록 그린다.
- 그 시점에서 지출은 급등하도록 그린다.
- 그 차이를 빗금으로 메운다.

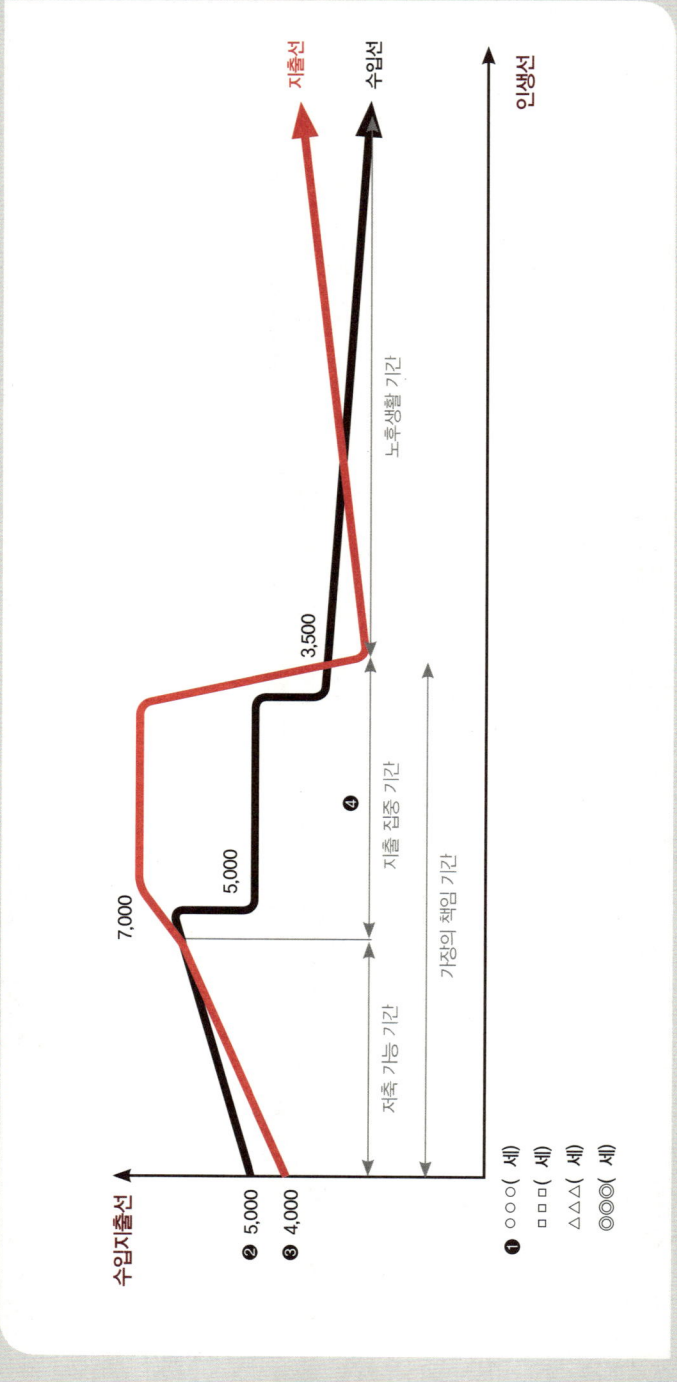

워크시트 5

나의 라이프사이클 그려보기 : 근로소득자(미혼)

1. 현재 본인과 결혼 예정자 또는 '사랑하는 사람' 등 인명을 작성하고, 10년 단위로 나이를 많이 표기한다.
- 태어나지 않은 자녀의 나이는 '-'로 표기한다.
- 자녀의 예상 출생 시점과 그에 따른 나이를 '-'로 표기한다.

2. 수입지출선에 현재 연소득을 적는다.
- 시간의 흐름에 따라 올라감과 내려옴을 예상해 그린다.
- 근로소득자의 경우 예상 퇴직 시점까지 우상향하고, 퇴직 시점에서 수직 하락한 후, 퇴직 후 예상하는 일에 따른 수입선을 그려나간다.
- 자영업자의 경우 예상 퇴직 시점까지 우상향하고, 예상되는 은퇴 시점에서 수직 하락하도록 수입선을 그려나간다.
- 각 시점에 예상되는 연소득을 작성한다.

3. 수입지출선에 현재 연지출액을 적는다.
- 시간의 흐름에 따라 올라감과 내려옴을 예상해 그린다.
- 첫째 아이가 대학에 입학하는 시점(20세)에 수입선과 지출선이 만나도록 그린다.
■ 소득이 많은 분이라면 꼭 그렇게 할 필요는 없다. 그 시점에 예상 지출을 그려나간다.

- 막내 아이의 예상 결혼 시점까지 지출선이 수입선을 초과하게 그려나간다.
- 그 후 지출선은 급락하도록 그린다.
- 60대 중반 이후부터는 지출선이 다시 서서히 올라가도록 그린다.

4. 기간별로 저축 가능 기간, 지출 집중 기간, 노후생활 기간을 표시한다.
- 저축 가능 기간과 지출 집중 기간을 포함하여 가장의 책임 기간으로 표기한다.

5. 만일의 경우를 상정하여 그려본다(사망 만일의 경우를 예상한 인생 주기 참고).
- 특정 시점에서 소득이 바닥으로 급락하도록 그린다.
- 그 시점에서 지출은 급등하도록 그린다.
- 그 차이를 빗금으로 메운다.

나의 라이프사이클 그려보기 : 50대 자영업자

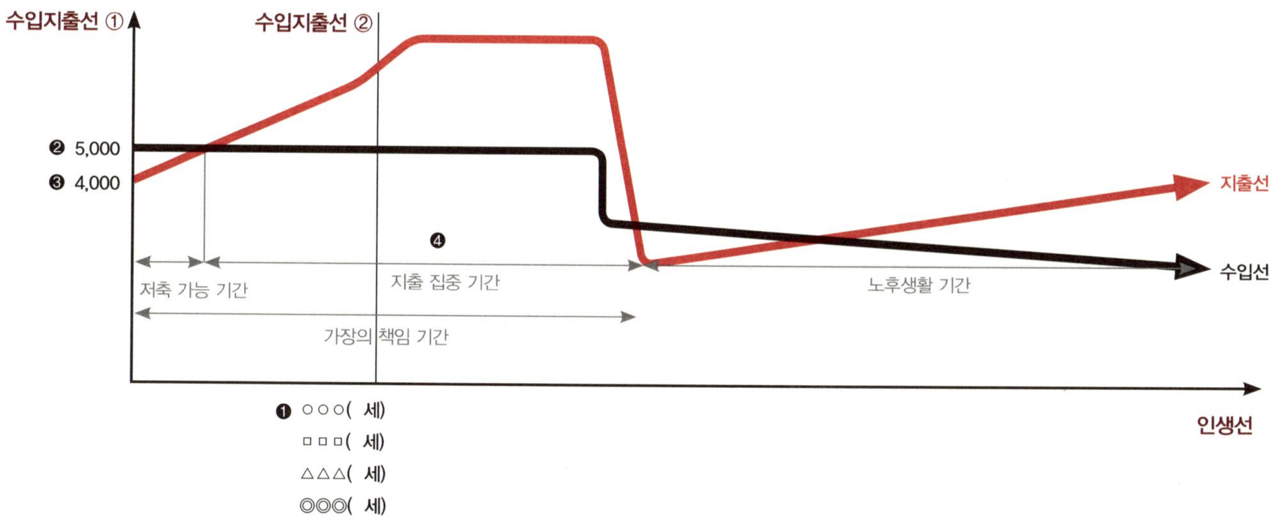

인생선

지출선

수입선

노후생활 기간

지출 집중 기간

가장의 책임 기간

저축 가능 기간

수입지출선 ②

수입지출선 ①

② 5,000

③ 4,000

④

❶ ○○○(세)
　○○○(세)
　□□□(세)
　△△△(세)
　◎◎◎(세)

1. 가로축(인생의 선)에 가장과 가족의 이름, 현재 나이를 적고, 10년 단위로 나이를 많이 표기한다(수입지출선 ① 기준).

- 왼쪽으로 10년 전의 상황을 표기한다(수입지출선 ② 작성).

2. 수입지출선 ②에 그 당시 연소득을 적는다.

- 시간의 흐름에 따라 올라감과 내려옴을 예상해 그린다.
- 자영업자의 경우 예상 퇴직 시점까지 우평행하고, 예상되는 은퇴 시점에서 수직 하락하도록 수입선을 그려나간다.
- 각 시점에 예상되는 연소득을 표기한다.

3. 수입지출선 ②에 그 당시 연지출액을 적는다.

- 시간의 흐름에 따라 올라감과 내려옴을 예상해 그린다.
- 첫째 아이가 대학에 입학하는 시점(20세)에 수입선과 지출선이 만나도록 그린다.
- 소득이 많은 분이라면 꼭 그렇게 할 필요는 없다. 그 시점에 예상 지출을 그려나간다.
- 막내 아이의 예상 결혼 시점까지 지출선이 수입선을 초과하게 그려나간다.
- 그 후 지출선은 급락하도록 그린다.
- 60대 중반 이후부터는 지출선이 다시 서서히 올라가도록 그린다.

4. 기간별로 저축 가능 기간, 지출 집중 기간, 노후생활 기간을 표시한다.

- 저축 가능 기간과 지출 집중 기간을 함하여 가정의 책임 기간으로 표기한다.

5. 만일의 경우를 상정하여 그려본다(4장 만일의 경우를 예상한 인생 주기 참고).

- 특정 시점에서 소득이 바닥으로 급락하도록 그린다.
- 그 시점에서 지출은 급등하도록 그린다.
- 그 차이를 빗금으로 메운다.

나의 라이프사이클 그려보기 : 고소득자(직장인)

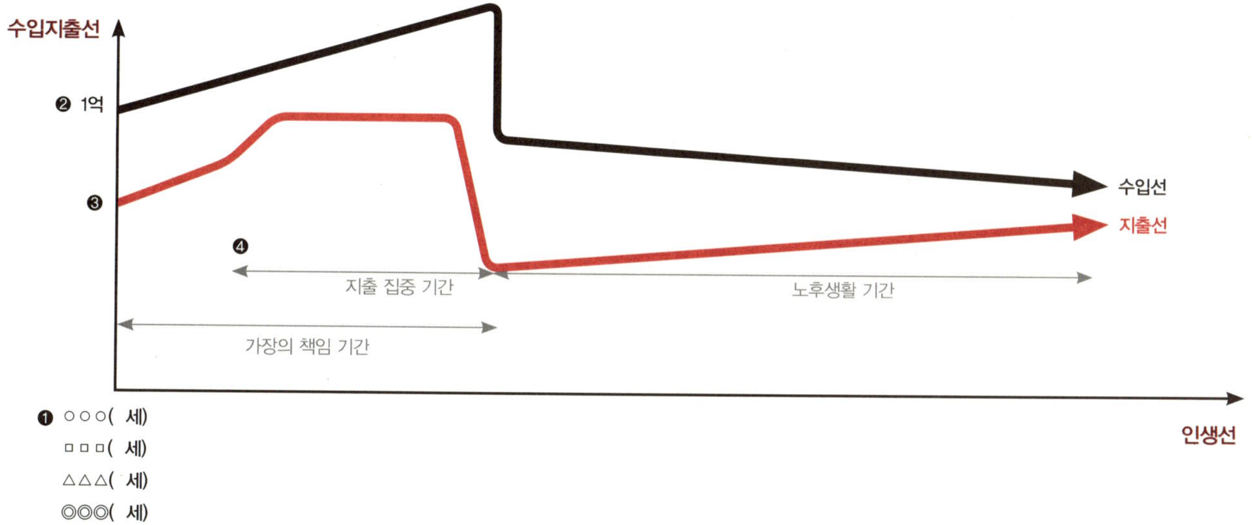

수입지출선

② 1억

수입선

지출선

③

④

노후생활 기간

지출 집중 기간

가장의 책임 기간

인생선

❶ ○ ○ ○ (세)
  □ □ (세)
  △ △ △ (세)
  ◎◎◎(세)

1. 가로축(인생의 선)에 가장과 가족의 이름, 현재 나이를 적고, 10년 단위로 나이를 많이 표기한다.

2. 수입지출선에 현재 연소득을 적는다.
- 시간의 흐름에 따라 올라감과 내려옴을 예상해 그린다.
- 자영업자의 경우 예상 퇴직 시점까지, 예상되는 은퇴 시점에서 수직 하락하도록 수입선을 그려나간다.
- 각 시점에 예상되는 연소득을 표기한다.

3. 수입지출선에 현재 연지출액을 적는다.
- 현재의 연지출액을 수입지출선에 적는다.
- 시간의 흐름에 따라 올라감과 내려옴을 예상해 그린다.
- 첫째 아이가 대학에 입학하는 시점(20세)에 수입선이 급격히 올라가도록 그린다.
- 막내 아이의 예상 결혼 시점까지 지출선이 우평행하도록 그려나간다.
- 그 후 지출선이 급락하도록 그린다.
- 60대 중반 이후부터는 지출선이 다시 서서히 올라가도록 그린다.

4. 기간별로 저축 가능 기간, 지출 집중 기간, 노후생활 기간을 표시한다.
- 저축 가능 기간과 지출 집중 기간을 합하여 가정의 책임 기간으로 표기한다.
- 수입이 지출을 늘 초과한다면 저축 가능 기간을 표기할 필요는 없다.

5. 만일의 경우를 상정하여 그려본다(4장 만일의 경우를 예상한 인생 주기 참고).
- 특정 시점에서 소득이 바닥으로 급락하도록 그린다.
- 그 시점에서 지출은 급등하도록 그린다.
- 그 차이를 빗금으로 메운다.

워크시트 8

나의 라이프사이클 그려보기 : 독신자

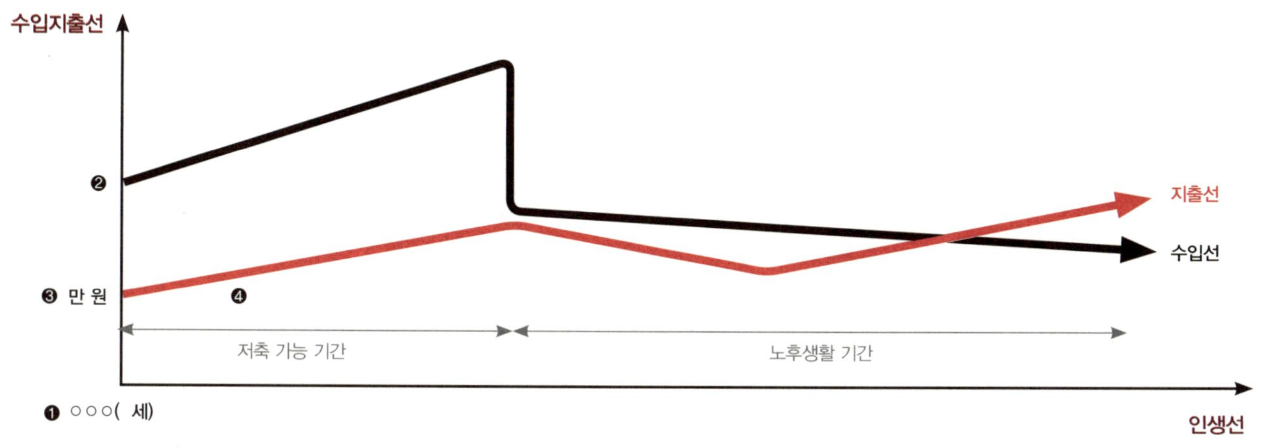

수입지출선
❷
❸ 만 원
❹
지출선
수입선
저축 가능 기간
노후생활 기간
❶ ○○○(세)
인생선

1. 현재 자신의 이름과 나이를 적고, 10년 단위로 나이를 많이 표기한다.

2. 수입지출선에 현재 연소득을 적는다.
   - 시간의 흐름에 따라 올라감과 내려감을 예상해 그린다.
   - 자영업자의 경우 예상 퇴직 시점까지 우평행하고, 예상되는 은퇴 시점에서 수직 하락하도록 수입선을 그려나간다.
   - 각 시점에 예상되는 연소득을 표기한다.

3. 수입지출선에 현재 연지출액을 적는다.
   - 현재의 연지출액을 수입지출선에 적는다.
   - 시간의 흐름에 따라 올라감과 내려감을 예상해 그린다.
   - 60대 중반 이후부터는 지출선이 다시 서서히 올라가도록 그린다.

4. 기간별로 저축 가능 기간, 지출 집중 기간, 노후생활 기간을 표시한다.
   - 저축 가능 기간과 지출 집중 기간을 합하여 가장의 책임 기간으로 표기한다.
   ■ 독신자의 경우 불필요하나, 특별한 경우 필요하다고 생각되면 작성한다.

5. 만일의 경우를 상정하여 그려본다(4장 만일의 경우를 예상한 인생 주기 참고).
   - 특정 시점에서 소득이 바닥으로 급락하도록 그린다.
   - 그 시점에서 지출은 급등하도록 그린다.
   - 그 차이를 빗금으로 메운다.

직접 그려보세요

수입지출선

인생선

직접 그려보세요

인생선

수입지출선

워크시트

직접 그려보세요

인생선

수입지출선

워크시트

직접 그려보세요

인생선

수입지출선

직접 그려보세요

인생선

수입지출선

직접 그려보세요

이익선

수입지출선

에필로그

인생의 의미

　인간은 누구나 살아가면서 인생에 대한 고민을 한다. 나는 어떤 사람인가? 나는 어떻게 살아왔고 또 어떻게 살아가야 하나? 나의 죽음은 어떠한 의미일까? 등과 같은 질문에 대한 해답은 평생 동안 우리에게 주어진 숙제와도 같다. 우리가 이런 고민을 하는 것은 오직 인간만이 자신의 삶을 반성하고 계획하며, 더 나은 내일을 꿈꾸는 존재이기 때문일 것이다.

　인생이란 무엇일까? 한 사람이 태어나서 죽을 때까지의 시간을 인생이라 부를 수도 있고, 그러한 시간 동안 일어난 일련의 사건들을 인생이라 할 수도 있다. 인생의 정의는 '사람이 세상을 살아가는 일'이다. 그래서 인생은 삶의 또 다른 말이라 할 수 있겠다. 그렇다면 단지 '살아간다는 것'만으로 인생이 완성될 수 있는 것일까? 물론 그렇지 않다. 인생은 삶과 죽음 사이에 놓인 물리적 시간만을 의미하지는 않기 때문이다. 중요한 것은 '어떻게 살아가는가'이지 않을까? 이 세상에 태어난 모두가 길든 짧든 삶의 시간을 부여받지만 각자의 인생은 천차만별로 달라지는 이유가 여기에 있다.

지금으로부터 약 200년 전, 인생에 대해 그 누구보다 치열하게 고민한 철학자가 있었다. 1788년 2월 22일, 지금의 폴란드에 속하는 옛 독일의 도시 단치히에서 상인의 아들로 태어난 쇼펜하우어다. 그는 삶의 고통을 바탕으로 여러 가지 철학적 담론들을 제시하며 《인생론》을 저술했다.

삶과 세상에 대한 염세주의적 시각을 가지고 있던 쇼펜하우어는 우리의 인생이 고통으로 가득 차 있다고 생각했다. 그에 의하면 우리는 태어난 이유도 없고 사는 이유도 없으며 죽는 이유조차 없는 것이다. 단지 이 세상에 태어났기 때문에 주어진 삶을 살아가고, 갖가지 희로애락을 경험한 뒤, 필연적으로 죽음을 맞이한다는 것이다. 쇼펜하우어의 시각에서는 이 모든 과정들이 그저 고통일 뿐이다. 그렇다면 그의 말과 같이 인생은 힘들고 괴로운 투쟁에 불과한 것일까? 우리는 죽는 날까지 진정한 행복에 다가서지 못하고 이 세상을 떠나야만 하는 것일까? 많은 사람들이 자신의 인생을 통해 증언한 바와 같이 인생은 동전의 양면과 같다. 삶은 형벌일 수도 있지만, 축복일 수도 있다. 고통과 쾌락이 공존하는 것이 우리의 인생이다. 쇼펜하우어는 고통이 쾌락보다 앞선다고 했지만, 그 둘 중 어느 것을 지향하며 준비하는 삶을 살 것인지는 전적으로 개인의 선택과 의지에 달려 있다고 할 수 있겠다. 태어남과 죽음을 동시에 지니고 세상에 나온 인간의 운명은 그것을 어떻게 받아들이는가에 따라 완전히 다른 모습으로 각자의 '인생'이 되는 것이다.

삶이 소중한 이유는 언젠가 끝나기 때문이라 할 수 있다. 현대 철학자 셸리 케이건 교수가 매년 예일대에서 주최하는 '죽음Death'에 관한 강의는 하버드대의 유명 강의인 '정의Justice' 및 '행복Happiness'과 함께 아이비리그Ivy League의 3대 명강의로 불리고 있다. 사람들이 이처럼 죽음이라는 화두에 커다란 관심을 갖는 것은 죽음이 피할 수 없는 인간의 숙명이기 때문일 것이다. 인생의 성공은 태어난 순간부터 죽는 날까지로 한정되는, '유한한 시간'을 얼마나 잘 활용하는가에 따라 좌우될 수 있다. 이런 점에서 인생은 한정된 재화를 가장 효율적으로 사용할 수 있는 메커니즘을 지향하는 경제학과 일맥상통하는 측면이 있다고 볼 수 있겠다.

우리는 직업을 갖고 일을 하면서 돈을 벌고, 번 돈을 지출하면서 생존을 유지하며, 남는 돈은 저축하거나 투자해서 부를 축적한다. 그러다 때가 되면 결혼을 해서 가정을 꾸리고, 내 집을 마련하고, 아이를 낳아 기르며 살아간다. 이 모든 과정 속에서 우리는 수 많은 선택의 순간에 직면하게 된다. 그리고 이때 기회비용은 최소화하면서 행복이라는 효용을 최대로 누릴 수 있는 방법을 택하기 위해 고민한다. 그래서 성공한 인생은 얼마나 성공적인 선택을 했는가 하는 문제와 직결된다고 볼 수 있을 것이고, 결국 한 사람의 인생은 그 사람이 살면서 행해온 선택의 집합이라고도 할 수 있을 것이다.

그렇다면 성공적인 선택, 좋은 선택을 하기 위해서는 어떠한 조건을 갖추고 있어야 할까? 누구에게나 선택의 기회는 찾아오지만, 모두가 최선의 선택을 하는 것은 아니다. 우리는 살면서 우연한 행운을 거머쥐기도 하지만, 예기치 못한 불행과 마주치기도 한다. 모두가 꿈꾸는 '대박'의 기회보다는, 상상도 하지 못한 사고나 사건에 노출될 기회가 더욱 많은 것이 현대인의 삶이다. 큰 병에 걸린지도 모르고 일상을 보내다가 돌연 시한부 인생을 선고받았다는 이야기, 갑작스레 교통사고를 당해 심각한 부상을 당했다는 이야기, 다니던 공장에 큰불이 나서 하루아침에 직장을 잃게 되었다는 이야기 등과 같은 불운한 사연들을 우리 주위에서 심심찮게 들을 수 있다. 그러나 이러한 이야기들이 나와 우리 가족에게 일어난다면 어떤 일이 벌어질까? 그러한 상황에서 나에게는 어떠한 선택지가 주어지겠는가? 아무것도 준비되어 있지 않은 삶이라면 선택의 기회조차 주어지지 않을 수도 있다. 어느 것이 최선인가 하는 고민은 차치하고서라도, 어떻게 해야 최악을 피할 수 있는가에 대한 물음에도 답을 찾지 못하게 되는 것이다. 위기를 기회로 바꾸는 유일한 방법은 위기가 찾아오기에 앞서 미리 준비하는 길밖에 없다. 비를 맞기 전에 우산을 지니고 있어야만 젖지 않고 목적지에 무사히 당도할 수 있다. 비 내리는 하늘을 탓하고만 있는 사람이나 언제 그칠지도 모르면서 무작정 기다리는 사람은 그만큼 뒤처질 수밖에 없는 것이다.

'준비하는 삶'이 인생의 행복과 직결되는 이유가 바로 여기에 있다. 인생의 매순간마다 우리에게 주어지는 선택의 기회에 가장 충실하기 위해서, 예기치 못하게 찾아오는 위기의 순간에 대처하기 위해서는 생애주기에 걸맞은 준비가 이루어져 있어야 한다. 정신적 성숙, 신체적 건강, 사회적 관계 등 많은 조건들이 준비의 대상이 될 수 있지만 그중에서도 가장 기본이 되는 것은 바로 '경제적 능력'이다. 우리는 언제나 인간다운 삶을 영위하기 위한 최소한의 물질적 조건을 필요로 한다. 이는 생존과 직결되는 문제이기 때문이다. 나아가 21세기를 사는 우리에게는 생존 유지를 위한 의식주 문제와 더불어 현대인의 라이프스타일에 부합하는 생활을 누릴 수 있는 경제적 여유가 필수적으로 요구된다고 할 수 있다. 인생의 목적이 단지 '먹고 사는 문제'에만 그치는 것이 아니라, 개인의 자아를 실현하고 행복을 추구하는 데 있다는 것은 누구나 아는 사실이다. 먹고살기 빠듯한 삶, 밤마다 내일을 걱정하는 삶을 살면서 성공적인 인생, 행복한 인생을 꿈꿀 수는 없지 않을까?

한치 앞을 내다볼 수 없는 것이 사람의 인생이라고 했다. 우리는 미래를 예측할 수 없기에 오늘에 충실함과 동시에 내일을 대비해야 하는 것이다. 초등학교밖에 졸업하지 못했지만 노벨문학상을 수상했고, 아흔이 넘도록 열정적인 삶을 산 아일랜드 유명 극작가 조지 버나드 쇼는 자신의 묘비명에 이런 말을 남겼다. "우물쭈물하다가 내 이럴 줄 알았지." 듣는 이로 하여금 미소를 짓게 하는 해학적인 말이지만, 그는 묘비명을 통해 우리에게 따끔한 질책을 하고 있는지도 모른다. 더 이상 아까운 시간을 낭비하며 좌고우면하지 말고, 하루라도 빨리 계획하고 준비하여 꿈을 이루는 삶을 살아가라고 말이다. 우물쭈물하다가는 영영 행복에 다가갈 수 없을 만큼 인생은 짧고 유한한 것이기 때문이다.

많은 경제학자들이 투자의 성공 비법과 자산관리의 방법으로 '10년 후를 내다볼 것'을 강조한다. 이 말은 아이들의 교육 정책을 수립하는 데 있어서도, 진로를 고민하는 취업준비생들을 위한 조언으로도 자주 인용되곤 한다. 미래를 전망하고 그에 맞는 준비를 갖추는 '유비무환'의 자세는 모든 분야의 성공 비결이다. 인생의 성공을 논하는 데 있어서도 예외일 수는 없다. 모두가 인정하고 부러워하는 성공을 거머쥔 인물들과, 실패와 좌절로 점철된 삶을 산 인물들의 차이점은 무엇이었을까? 바로 '인생을 얼마나 철저히 준비했는가' 하는 물음에 대한 대답이 전혀 달랐다는 점이다.